羽生結弦

連覇の原動力

［完全版］

AERA特別編集

朝日新聞出版

羽生結弦
連覇の原動力
［完全版］

AERA特別編集

本書は、朝日新聞、朝日新聞デジタル、朝日新聞出版発行のニュース週刊誌「AERA」「週刊朝日」の記事を再録し、一部新たな取材を加えて発行したAERA増刊「羽生結弦 連覇の原動力」に、さらに写真と記事を加えたものです。肩書・所属・年齢などのデータは、原則として初出当時のものです。

有言実行の絶対王者

羽生結弦という異次元のアスリート

転んでも、衝突しても、インフルエンザになっても、
手術をしても。羽生結弦は王者であることを
やめなかった。「劇的に勝ちたい」「連覇したい」と
公言し、それを上回る偉業を成し遂げた若者は、
23歳で歴史に名前を残すことになった。

PyeongChang 2018
JAPAN

JAPAN
KISS & CRY

PyeongChang2018
CAUTION
05

OBS
gChang 2018

ang 2018

2018
PyeongChang 2018
PyeongChang 2018

1

Remeber
PyeongChang 2018
eongCha g 2018

PyeongChang 2018
JAPAN

待っててよかった

ドキュメント 2018.2.16-2.17 担当記者が見た2日間

平昌五輪のために韓国入りした2日後の記者会見で、
羽生結弦は言った。「待っててよかったと思ってもらえる演技をしたい」と。
改めて思う。本当に、待っていてよかった。

朝日新聞スポーツ部　後藤太輔

2018.2.16

8:35

練習を見に訪れた客で埋まる江《カン》陵《ヌン》アイスアリーナに、羽生結弦(23)がコーチのブライアン・オーサー(56)らと入ってきた。歓声や、シャッター音が響く。リンクに上がり、早々に4回転トーループを跳んだ。きれいに着氷。続いて4回転サルコーを試し、完璧なジャンプを見せた。

ショートプログラム（SP）の曲、ショパンの「バラード第1番ト短調」と共にゆっくり滑り出す。最初のサルコーは、3回転になってステップアウトした。曲がまだ流れている途中、リンクサイドにもどってティッシュで顔を拭いた。

8:49

曲をかけてプログラムを通した際に失敗した4回転サルコーをもう一度試したが、ステップアウト。腰に手を当て、すぐに踏み切った地点に戻って、氷を見つめた。

羽生はジャンプを跳んだとき、踏み切る直前に靴の刃で氷に刻んだトレース（軌跡）を確認する。そのカーブの曲がり方、溝の深さなどが成功したジャンプと失敗したジャンプとでどう違うのかを見て、氷のコンディションに合う跳び方を探っていく。

8:50

サルコーが2回転になる。左手

で右ひじを触りながら、トレースをチェック。

8:53

きれいな4回転サルコーを跳び、すぐに踏み切り地点に戻ってトレースを確認した。

9:10

練習後、ANAスケート部監督の城田憲子は「つらかったと思うけどよく戻してきた。きちんとしたジャンプの軸さえ取れれば大丈夫」と話した。

13:40

最終グループの6人が入ってくる。1番滑走の羽生が紹介され、会釈する。6分間練習でも4回転サルコーを跳んで、トレースをチェック。

13:48

羽生の演技が始まる。ピアノの旋律が流れ、目を閉じた羽生がゆっくり動き出す。スピードは十分。観客が固唾《かたず》をのんで見守る。舞い上がって鋭く回り、4回転サルコーに成功。大歓声がアリーナを揺らした。

続くトリプルアクセル（3回転半）は、サルコー以上に完璧な出来だった。「カウンター」という難しいターンをした直後に舞い上がる。それでも高さと幅が十分。着氷がきれいなので、スピードが落ちずにスケートが流れる。全9人の審判が出来栄え点（GOE）で最高の3点をつけた。

ステップは、万全な時と比べて力強さはないが、確実に慎重に滑りターンしていた。やや疲れたのか、最後のスピンで最高のレベル4を取れずレベル3にとどまったものの、ほぼ完璧な演技だった。

フィニッシュすると、プーさんシャワーが降り注ぐ。次の滑走者ネーサン・チェンは、それを踏まないようによけながら滑って体を温めた。

得点は111・68。テレビのインタビューに答える羽生は、開口一番、

「とても満足しています」

ただ、気は緩めない。

「明日がある。明日が大切。自分のやるべきこと、必要あることをやる」

14:20

テレビのインタビューを終えた羽生が、ペン記者の前に現れた。

「調整方法も含めてしっかり、練習できない間、書類や論文など、いろいろなもので勉強した」

と話した。

「何よりも、久しぶりに皆さんの声援を聞くことができて、ああ、帰ってきたんだなと思いました。そういうスケートを滑る幸せな感じとか、久しぶりに試合で味わえたなと思いました」

そう語る表情は柔らかで、声は優しかった。

どうして、朝の練習で不安定だったサルコーを修正できたのか。

「ずっとこっち（韓国）に来てから本数制限をしていたので。体が動いていない部分、脳が動いていない部分を刺激してあげるようにしていました」

練習できない間、「勉強した」と羽生は口にした。それはいったい何だろう、という疑問があった。幸い、SP後も上位3人による会見があったので、それをぶつける機会を得られた。

14:57

SP首位に立ち、ハビエル・フェルナンデス(26)と宇野昌磨(20)を左右にした記者会見で羽生は語った。

「大学で勉強していることとか、論文へのアクセスの仕方とかを学んでいる。筋肉解剖的な論文だとか、トレーニングのプランニングの仕方、トレーニングの仕方についての研究だとか、もちろん（新聞）記事も含めて勉強しました」

羽生は何度か、「研究が自分の武器」と話したことがある。自分が思ったこと、自分の演技での動きを詳細に記者に語ることで記事として記録してもらい、後で見返して自分の演技に生かす。他のアスリートが語っていること、心理学、運動学などの論文を読んで、自分の取り組みに採り入れてみる。今回、けがをして滑れない時期にもそれを行い、回復に努めてきた。

15:20

会見が終わり、羽生はいつも通り「ありがとうございました」を繰り返して、お辞儀をしながら会場を去った。

2018.2.17

8:25

練習が始まった。この日の練習も、決していいとは言えない状態。4回転トーループでは、着氷で腰が落ちる。4回転サルコーではひざを折って、崩れそうなバランスを保った。

「SEIMEI」の曲がかかって演技を通した際は、本来4本を予定している4回転ジャンプを3本

しか跳ばなかった。最後のジャンプは3回転ルッツが1回転になってしまう「パンク」。すぐに助走をし直し、もう一度3回転ルッツを跳んだ。

9:05

練習が終わった。羽生の演技は午後1時43分から。リンクから上がり、ロッカーへと消えていく羽生の背中を見ながら、「大丈夫だろうか」と思った。

2分40秒の羽生のSPでは、3本あるジャンプ要素の後にステップがある。疲れる前にジャンプを跳び終えるということだ。それに比べてフリーは4分半。しかも、4回転ジャンプを含むジャンプ要素は四つ。そのうち二つが、ステップを刻んで息が上がったあとの演技後半にある。

2月11日の韓国入り後、ずっと気になっていたことがある。練習で、速いスピードを保ったまま滑る場面がほとんど見られなかったことだ。曲をかけて演技を通す練習の際に、力の入ったステップも見られなかった。

ブライアン・オーサーは、韓国の選手を見るために羽生より早く試合会場のある江陵入りしていた。6日に報道陣の取材に応じた。昨季までの4回転ループ、4回転サルコー、4回転トーループは練習しているのかと聞かれると、

「コンディションが整えば戻ってくる」

と明確には答えなかった。そして最後に、

「スタミナについて頑張ってやっている。先週と今週はスタミナ、スタミナ、スタミナ……」

と話した。

羽生の練習を見ていたフィギュア経験者らに話を聞くと、「氷を押せていない」「フリーはわからないですね」と、不安視する声も少なくなかった。

13:09

最終グループ6人による直前の練習が始まった。羽生の4回転サルコーは安定感を欠いていた。降りたときにバランスを失い、ひざから崩れて尻もちをついた。珍しいミスだった。

だめかもしれない。そう思った。一方で、羽生は、こんな逆境でこそ力を出す選手だということも頭の片隅にあった。

思い出すのは、初めて羽生の演技を見た2012年、フランスのニースであった世界選手権。11年の東日本大震災で拠点となる仙台のリンクが一時閉鎖。1日45分というごく短い練習時間を強いられた時期もあった。その世界選手権のフリー。フラフラになりながらも、劇的なロミオとジュリエットを演じきって、銅メダルを獲得。ここ、平昌でも、劇的な物語を演じるかもしれない、と思った。

13:43

羽生がリンク中央に立った。太鼓と笛の音が響く。会場を埋めた観客が、祈るようにそのジャンプを見守った。

氷を左足の靴の刃で深く削り、舞い上がる。鋭く速く4回転。昨年11月に痛めた右足で着氷した。静寂が、大歓声と大きな拍手に変わった。

羽生は試合後、「不安だった」「右足に無理をさせてしまった」と明かしている。冒頭の4回転サルコーを跳ぶときの心境はこうだった。

「6分間練習でサルコーが不安だったので。とにかくサルコーさえ降りれば、前半の感覚で後半跳べると思っていました」

唯一の大きなミスは、後半の4回転トーループでステップアウトしたことくらいだ。コンビネーションにできなかった。しかしその分、次のトリプルアクセルに1回転ループ-3回転サルコーをつけて、盛り返した。

「何よりも、サルコーもトーループもアクセルも、トリプルジャンプすべて、何年間もやってきているんで、やっぱり身体が覚えていてくれました」

13:48

フィニッシュ。右手の人さし指を立てて、高々と掲げた。そっと右足首を触り「がんばってくれて、ありがとう」。右手で、氷にも触れた。リンクサイドに上がるとき、もう一度指を突き上げた。

キス&クライで得点を待つ。フリー206・17。合計317・85。この時点で首位に立ち、「ありがとうございました」と口にした。

同じクラブのフェルナンデスと宇野の滑走が残っていた。フェルナンデスは、合計305・24。宇野は306・90。

男子で66年ぶりとなる、五輪連

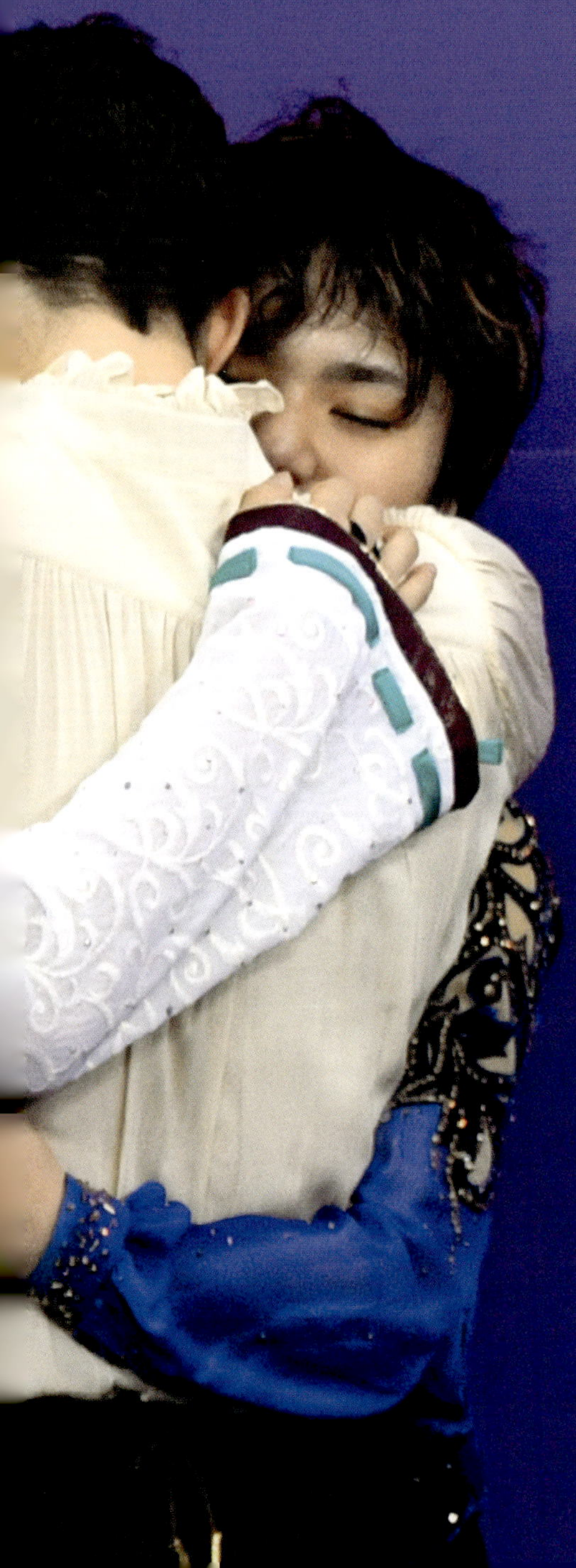

覇を決めた。泣きながら、フェルナンデス、オーサー、トレーシー・ウィルソンと抱き合った。

祝福するフェルナンデスは、

「これがたぶん、僕の最後の五輪。良い戦いをしたことを誇りに思う」

と羽生に伝えた。羽生が、

「ハビにチャンピオンになってほしい気持ちがあった」

と応じると、フェルナンデスは、

「王者は一人だけ。2人はチャンピオンになれないんだよ」

羽生はまた泣いた。

15:08

ペンの記者の取材エリアに羽生がゆっくりと歩いて現れた。記者たちが、我先にと早口で質問をする。それに対して、羽生は落ち着いてゆっくりと、かみ締めるように話す。その差が際立っていた。

「チームや、人間として育ててくれたコーチ、担任の先生とか、いろんなところで支えてくださった方々含めて、いろいろな思いがこみ上げてきました」

「右足が頑張ってくれたなという思いが強いです」

「勝ったって思いました。自分に勝てたって」

この時、白い歯が見えた。

震災からもうすぐ7年。故郷で応援されている方には?という質問が出たときだけ、羽生の様子が変わった。

「うーん……。どうですかね、もうちょっと考えてから話します」

15:27

メダリスト会見が始まった。改めて震災の体験を聞かれると、

「うーん……」

と悩んで、こう話した。

「本当に、大変な日々でした。僕は内陸部の人間だった。地震の被害にしか遭っていない。それでもガスも電気も水もない生活は大変で、それ以上に苦しんでいた方々がたくさんいることを、津波や原発で被災した方々の地に行って思いました。ソチ五輪でも質問をされて、どういうふうに答えたらいいか分からなくなった自分がいて、そのときの自分になんて言ってあげたらいいか、いまだに分からないです」

「一つ言えることは、五輪という僕が一番大切にしている大会で金メダルを取れたことは誇りに思っていますし、何よりも、自分が金メダルを持って、被災地の方々にあいさつをしたときにたくさんの笑顔を見ることができたので、今度はちょっと自信をもって、また笑顔になってもらえたらいいなと思っています」

約35分の会見で、羽生はさまざまな思いを口にした。

「本当にいろんなことがありました。ソチ五輪が終わって、フリーのリベンジをしたい、ショートでミスをした世界選手権、次のシーズンは衝突、手術、今度は捻挫、その次はインフルで全日本に出られなくて。捻挫をして、今季はまた大きなけがをしてしまって。なんか、けがばっかりですね。へへへ。けどそれだけフィギュアスケートに対して、スポーツに対して、勇気をもって、また、恐れずに、いろいろチャレンジしてきたからだと思っています」

「スケートができなくなるんじゃないかと思った日々が続いた。今日こうやって結果をとって、スケートができてよかった」

「五輪で金メダルを取ると思っていた（少年の）ころの自分に、『いろいろあるけど頑張れよ』って言ってあげたい」

あまりにも「劇的」すぎた

羽生結弦の平昌五輪

メダリスト会見で羽生結弦自身が口にした、「漫画の主人公」のような劇的すぎる金メダル。歴史に刻まれる「66年ぶりの連覇」は、「勝ちたい」という強い思いと冷静な判断から生まれたものだ。

ライター　野口美恵

江陵《カンヌン》アイスアリーナには、無数の日の丸が揺れていた。

平昌五輪、フィギュアスケート男子シングルのフリースケーティング（FS）。真っ白な氷の真ん中で、演技を終えた羽生結弦(23)が、雄たけびを上げている。そして、力尽きたかのように両ひざに手を置いて荒い呼吸を繰り返し、ケガをしていた右足を両手で包むと一言、

「ありがとう」

66年ぶりとなる男子フィギュアスケートでの五輪連覇だった。

「勝った、と思いました。ソチ五輪の時は（演技を終えた瞬間）勝てるかな？という不安しかなかったけれど、今回は自分に勝てたと思いました」

そう語る羽生が活躍したこの時代を共有し、演技を見守ってきた私たちも、歴史の証人になった。

想像を超えた夢の物語

常にドラマを生き、夢を見せてくれるのが「羽生結弦」だ。今季、ケガをする直前のロシア杯で五輪連覇への思いを聞かれた羽生は、

「劇的に勝ちたいという気持ちがあります」

と口にしていた。

単なる連覇ではない。「劇的な勝利」を見せてくれるという。羽生らしいと思うと同時に、どんなドラマが待っているのか、想像をかきたてられた。世界王者、ソチ五輪金メダリスト、世界記録保持者。それよりも劇的なことなんて思いつかなかったけれど、彼は本当に、想像を超える夢のような物語を見せてくれるのだろうな、と。

しかし、現実は過酷だった。

２０１７年11月、ＮＨＫ杯の公式練習中に転倒し、右足首の靱帯を損傷。ロシア杯で初めて成功させたばかりの大技、４回転ルッツを跳んだときの着氷だった。

16－17年シーズンに幕を開けた４回転合戦。10代の選手たちが次々と新しい４回転を跳んでいた。一見すると華やかだが、高難度の技は身体への負担が大きく、ケガのリスクも高い。才能と挑戦心がありすぎるくらいある、羽生だからこその悲劇だった。

羽生は練習拠点のカナダ・トロントに戻り、リハビリに専念した。発表される情報だけでは、ケガの本当の回復状況は分からない。当初は全治３～４週間とされたが、長引いた。右足首をひねって転倒したなら、古傷のある右膝も痛めただろうし、股関節や臀部、腰部など、連動する筋肉にもひずみが出ただろう。

羽生はこう振り返る。

「最初に診断された靱帯損傷だけではなく、いろいろなところを痛めていました。足の状況はまだ話すつもりはないですけど、思ったよりも大変で、スケートすることが怖かったという状況でした」

17年12月末の全日本選手権を欠場し、本格的な練習は１月中旬か

ら。五輪の会場入り3週間前にトリプルアクセルを、2週間前に4回転を跳び始めた。

レジェンドになりたい

五輪のシーズンがスタートしてから戦線離脱し、約4カ月のブランクを経てぶっつけ本番。普通に考えれば、連覇どころか最後までしっかり滑り切ることができるのかどうか分からない、という状態だ。しかし羽生に「普通」の想像など必要ないことは分かっていた。

逆境でこそ、力を発揮する。そう誰もが信じていた。ケガをしたからといって、落ち込んでムダな時間を過ごすような選手じゃない。

実際、羽生はマイナスをプラスに変える思考で、必死に勝利を追い求めていた。

「練習ができないからこそできることをいろいろと探ってきました。それは単なる筋トレやイメトレではないです。誰かに言われたからではありません。自分の強みは、いろいろなことを考えて、分析して、それを氷上での自分の感覚とマッチさせられること。だからこそ、僕の演技には爆発力があるんだと思います」

解剖学の論文をかたっぱしから読みあさった。自分の身体と、ケガの状態を把握し、どこに気をつければ痛みを最小限に抑えてジャンプが跳べるのかを分析したのだ。試合のメンタルコントロールの参考になる本や記事も読んだ。

2018年2月17日　平昌五輪FS（韓国・江陵）

勝った、と思いました。今回は自分に勝てたと思いました

五輪連覇に向けてもっとも重要なキーになったのは、どのジャンプを跳ぶかの戦略だ。

実はここ2シーズン、羽生は自分の戦い方を模索していた。

15年のNHK杯で、世界で初めて300点超えを果たし、その2週間後のグランプリファイナルで、現在の世界最高得点である330・43点を出した。この時の4回転は、トーループとサルコーの2種類のみ。これを、ショートプログラム（SP）で2本、FSで3本跳んだ。いまの男子のトップ選手なら誰もが挑戦している本数だ。驚異的なスコアの源は、4回転ジャンプの種類や本数ではなく、その「質の良さ」と「パーフェクトな演技」だった。

だが、金博洋《ジンボーヤン》(20)が4回転ルッツを跳び、ハビエル・フェルナンデス(26)が羽生と同じジャンプ構成で300点を超え、宇野昌磨(20)は4回転フリップを跳んだ。ネイサン・チェン(18)は、4回転ルッツと4回転フリップを跳び分けた。

「僕がこうやって、強くなろう、いろいろなジャンプを跳ぼうとしたのは、間違いなく、金博洋のルッツを見たから。ループを跳ばなきゃと火がついたのは、ハビエルの完成度の高い演技があったから。そして日本でもうかうかしてられないなと思ったのが宇野君の存在。自分の目に焼き付いているたくさんの選手の演技が、僕を鼓舞してくれた」

羽生が目指すのは、劇的な勝利。守りに入る作戦など、まったく考えていなかった。昨季には4回転ループを、今季のロシア杯では4回転ルッツを成功させた。

しかし、3種類、4種類と4回転ジャンプの種類が増えるほど、演技全体をまとめることは難しくなる。SP、FSを通じて「パーフェクトな演技」は見られなくなり、15年に記録した世界最高得点を塗り替えることはなかった。

ケガをしたことで、落ち着いて考える時間ができた羽生は、もう一度初心に立ち返る。

少年だったころ、ロシアの「皇帝」エフゲニー・プルシェンコに憧れていた。マッシュルームカットをまねて、周りから何を言われてもヘアスタイルを変えなかった。そして、言い続けていた。

「オリンピックで優勝したい。レジェンドになりたい」

そう、自分のパワーの源は「勝ちたい」という強い思いなのだ。自問自答を繰り返し、運命を左右する選択をした。

「4回転ループを『跳びたい』『跳びたくない』ではなく、何より『勝ちたい』でした。『勝たないと意味がない』と自分のなかで思っていました。この試合の結果は、これからの人生でずっとつきまとう結果なので、大事に、大事に、結果をとりにいきました」

勝つためにここに来た

ライバルたちに鼓舞されて跳んだ4種類の4回転。ケガをするまでは「挑戦しないと自分らしくない」と言って、2種類に戻すことをかたくなに拒否していた。それを封印してでも、「勝つ」ことを決意した。

「ケガをしてしまってスケートできない期間があったからこそ、作戦というものを学び、いろいろ考えられました。幸いにも僕は（ジャンプの）オプションをたくさん持っていて、選択肢がたくさんあるなかで試合に臨めました。そして、勝つためにここに来られたと思います」

SPでの4回転は、「サルコーとトーループ」とほぼ決めていた。FSについては、4回転ループを入れる可能性もわずかに残し、現地入りしてからも「調整しながら、周りも見ながら決めたい」と話していた。

迎えたSP。

サルコーには不安はあったというが、そんな弱気はまったく見せず、王者の滑りで首位発進。111・68点で、2位のフェルナンデスと4・1点差、3位の宇野とは7・51点差となった。メダル争いの候補だったネイサン・チェンはジャンプミスが相次いで失速し、

82・27点で金メダル圏外へ——。

FSの戦略を決めるときがきた。かねてコーチのブライアン・オーサーは、「新たな4回転時代だと世間は盛り上げるけれど、4回転はサルコーとトーループの2種類で十分だ」と言い続けていた。

フェルナンデスは4回転ジャンプ3本の構成で、これはシーズン初めから一切変えることなく練習してきた。パーフェクトの演技をする可能性もある。宇野は試合ごとにジャンプ構成を変えてきたが、四大陸選手権で「3種類4本」にし、それを五輪のプログラムにすると明言していた。

フェルナンデスに確実に勝つには4回転を1本多くしたほうがい い。宇野との7・51点差を確実に守るには、安定性のあるジャンプだけにしたほうがいい。

総合的な分析の結果だろう。羽生はFSの日の朝、公式練習に行く前に、ジャンプ構成を決めた。

「4回転は、トーループ2本、サルコー2本」

考え抜いた結論だった。

一つとして無駄はない

もちろん4回転を4本も入れるのだ。超難度のプログラムであることに違いはない。しかし、4回転ループとルッツを回避するという決断で、「ジャンプ構成のレベルを落としている」という、羽生にとっては楽な心理状態をつくることができた。

「ルッツ、ループに挑戦しつづけていなかったら、これが『落とした構成』とはいえない。だから一つとして無駄なことはなかった」

朝の練習で、4回転サルコーは何度かステップアウトがあった。成功率は5割。しかし練習での不安につぶされるようでは、羽生結弦ではない。

「トーループもサルコーも、ほかの3回転も、ずっと何年間もやってきたので、身体が覚えてくれている」

そう信じて、自らが宣言した「劇的な勝利」のために、渾身《こんしん》のFSを演じた。冒頭の4回転サルコーと4回転トーループは、ともに最高の「＋3」を獲得。「4回転の質の高さ」を武器にする、王者の戦い方だった。

「ケガしてよかったとは絶対に思っていないけれど、ケガをしたからこそできたことだと思います」

FSは206・17点。総合317・85点。自身の心と身体、そしていまという時代。すべてが一つになった勝利だった。

漫画にしてはできすぎ

興奮冷めやらぬなか、メダリスト会見が始まった。やはり聞くべきは、「劇的に勝ちたいと言っていたが、どんな劇的な勝利だったか」だろう。

羽生は、恥ずかしそうに笑って答えた。

日本でもうかうかしてられないなと思ったのが宇野君の存在

「漫画の主人公にしてはできすぎなくらい、いろいろな設定がありました。でもこうして金メダルを取って、みんなに羽生結弦という名前を覚えてもらって、こんなに幸せなことはありません。でも、人間の人生だと考えたら（劇的すぎて）なんか変だなと思ってます」

そして、ちょっと眉を寄せる。

五輪連覇という結果をもってしても、苦しかった記憶をぬぐいきれないのか。

「この4年間、短かったのかどうか……。ソチ五輪でクリーンに滑

2018年2月17日　平昌五輪セレモニー

平昌五輪での演技構成
総合得点 317.85

ショートプログラム

演技構成	基礎点	出来栄え点	技術点	演技構成点	合計
4S／4回転サルコー	10.5	2.71	63.18	48.5	111.68
FCSp4／フライングキャメルスピン レベル4	3.2	1			
CSSp4／足換えシットスピン レベル4	3	1.43			
3A／3回転アクセル	9.35	3			
4T+3T／4回転トーループ+3回転トーループ	16.06	2.57			
StSq4／ステップシークエンス レベル4	3.9	2.1			
CCoSp3／足換えコンビネーションスピン レベル3	3	1.36			

フリースケーティング

演技構成	基礎点	出来栄え点	技術点	演技構成点	合計
4S／4回転サルコー	10.5	3	109.55	96.62	206.17
4T／4回転トーループ	10.3	3			
3F／3回転フリップ	5.3	1.6			
FCCoSp4／フライング足換えコンビネーションスピン レベル4	3.5	1			
StSq3／ステップシークエンス レベル3	3.3	1.43			
4S+3T／4回転サルコー+3回転トーループ	16.28	2.71			
4T／4回転トーループ ※3回転以上の同じジャンプの繰り返しのため、基礎点が0.7倍に	7.93	-2.06			
3A+1Lo+3S／3回転アクセル+1回転ループ+3回転サルコー	14.74	2.14			
3Lo／3回転ループ	5.61	1.2			
3Lz／3回転ルッツ	6.6	-1.1			
FCSSp4／フライング足換えシットスピン レベル4	3	0.93			
ChSq1／コレオグラフィックシークエンス	2	2			
CCoSp4／足換えコンビネーションスピン レベル4	3.5	1.14			

2018年2月17日　平昌五輪FS4回転サルコー

トーループもサルコーも、身体が覚えてくれている

れなかったリベンジをしたいと思い、FSでリベンジした14年世界選手権から始まり、次のシーズンは（6分間練習中の）衝突。そして手術して、（15年世界選手権に向けた練習中に）捻挫してしまいました。昨シーズンは、インフルエンザにかかって全日本選手権に出られなくて、また世界選手権前に捻挫して」

書いているだけで息苦しくなるほどの試練の数々。

「今シーズンは（9月のオータム・クラシックで）自己ベストも出したけれど、大きなケガをしてしまいました。なんだかケガばっかりですね。でもそれだけ、フィギュアスケートというスポーツに対して、勇気をもって恐れずにいろいろなものにチャレンジしてきたからだと思います」

北京五輪に向けた4年間

やはり、羽生はやってくれた。もちろん、やってくれると信じていた。でも羽生なら、これでハッピーエンドだとは言わないだろう。幸せそうに質問に答え、淡々と進んでいくメダリスト会見。思わず、こう質問した。

「羽生選手、五輪連覇おめでとうございます。そして3連覇への4年が新たにスタートしました。意気込みは」

羽生は、小さく噴き出しながら答えた。

「まずは足首が良くなってくれないとスケートは難しいので、完璧に治すことが一番。オリンピック3連覇をもしやったら……。でも、そんな甘くないのは知ってます。もうちょっと滑ると思うけど！　こうやって4年間、相当レベルが上がって何回も置いていかれて、頼もしい後輩も、まだ辞めない素晴らしいスケーターもいるので、皆と一緒に滑りながらいろいろ考えたいです」

やった！　現役続投！　もっとたきつけてもらおうと、宇野に、

「羽生選手との、北京五輪に向けた4年間が始まりました」

と問う。

宇野は冗談めかして答えた。

「僕は今シーズン、羽生選手と一緒の試合が少なかったのですが、今回一緒の試合になったら、僕は注目をあまりされなくてプレッシャー的に楽でした。だから、まだしばらく楽させてほしいと思います！」

もっともっと、羽生結弦を見たい。ファンもライバルも、誰もがそう思っている。あわてずに、ケガをしっかり治して。もう一度、一緒に夢を見たい。

最後に、心からの喝采を。

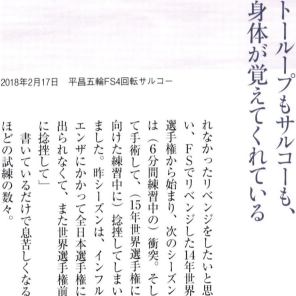

2018年2月18日　メダリスト記者会見（韓国・平昌）

次の目標は王様のジャンプ4回転アクセル

2.18メダリスト記者会見を完全収録

劇的な2連覇の翌日、晴れやかな表情で記者会見場に現れた羽生結弦。「夢がかなった」「やるべきことはやった」と言いつつ、「もうちょっとスケートに人生を懸けたい」と現役続投を明言した。

――金メダルを首にかけたお気持ちを教えてください。

　ソチオリンピックの時とは違って、たくさんの思いを込めて、この金メダルを取りに行きました。そして、最終的に自分が思い描いていた結果になり、自分の思い描いていたメダルをかけていることが、本当に幸せです。

――英語で答えていただけるとのこと、感謝します。強いプレッシャーの中で、どのように気持ちを保つことができたのですか？

（英語）精神力や心理的な管理の仕方については多くの報告がされているので、（けがで）スケートができなかった期間、競技するための精神力を維持するために、そうした報告などを勉強していた。そうしたことが、この五輪で僕を助けてくれました。

――ファンの熱狂的な応援をどう感じたか。また、あなたの力の源となった人は誰ですか？

（英語で）スケートを始めた時はまだ4歳で、五輪を知らなかった。続けるうちに五輪を見て、すごいインスピレーションを受けました。ええと、ええと、何を言いたいのか、ちょっと分かりませんが、僕のヒーローは、エフゲニー・プルシェンコ、ジョニー・ウィアー、ステファン・ランビエール。ハビエル・フェルナンデスもです。そして、ディック・バトン。彼は最も偉大なスケーターです。

　彼が実際に滑るのを見たことはないですが、偉大な選手であることは知っている。彼（の記録）が僕を五輪2連覇に導いてくれた。とても感謝している。彼の記録を破る3連覇に挑むかどうかは分かりませんが、今は今回の五輪での優勝にとても満足している。

――ものすごい数のプーさんのぬいぐるみがリンクを埋めましたが、これはどうするのですか？

　森に帰します……。冗談です。全部を自宅に持って帰りたいのですが、なかなか難しい。通常は、スケート連盟や、その他の団体やチーム、子どものための団体に寄付しています。

――どのようにお祝いをしましたか。今朝の気持ちを改めて。

　今日の気持ちとしては、ああ、英語でしゃべらないとダメなのか、（ここから英語）まずは僕の家族や、チームやクラブのメンバーと一緒に祝いたいです。

――スポーツでは人間力は競技力に結びつくと考えられているが、競技以外で、何か取り組みたいことはありますか？

　とりあえずスケートを辞める気はないので、あっ……。

――日本語でいいです。どんどん日本語でいきましょう。

　すいません。日本語でしゃべります。とりあえずスケートを辞める気は、まだないです。ただ、夢はかなったという気持ちは実際にありますし、やるべきことはやれたなという実感もあります。すがすがしい気分でもあります。

　ただ、まだ、スケートのほうが勝っていると。スケート以外のことで、何かしゃべれるとしたら、そうですね……。うん、一応、いま考えましたけど、一周回ってきて、やっぱりスケートのことだったので。本当に、今までの人生、スケートに懸けてきてよかったって、心から言えますし、これからも、もうちょっとだけ、もうちょっとだけ、人生をスケートに懸けたいなって思っています。

――スケートで、もう少しやっていきたいこととは？

　4回転アクセルはやりたいなと思っています。それは、小さい頃の自分だったら前人未到だからと、たぶん言うと思います。ただ、今の僕の気持ちとしては、自分にとって、やっぱり最後の最後に支えてくれたのはトリプルアクセルだったと。アクセルジャンプにかけてきた思い、時間、練習。質も量も全てが、どのジャンプよりも多いし、何よりも、僕の恩師である都築（章一郎）先生が言っていた言葉が、「アクセルは王様のジャンプだ」。そのアクセルジャンプを自分は得意として、大好きでいられることに感謝しながら、4回転アクセルを目指したいなと思っています。

――ソチ後、この日のための青写真を描いていて、その通りにいきましたか？　スケートの後はどういうことをやりたいですか？

　僕は、まだまだ英語はへたくそだし、もっともっと勉強しなくちゃいけないこともあるし、日本でも学ばなければいけないことがたくさんあると思いますが、世界中でいろんなところを回りながら、スケートで本気で1位を目指している人に、何か手助けをしたいなと思っています。

幸いにも、日本で最初に練習して、最終的にはカナダで練習することになっていろんなことを学べたし、何よりも、いま現在のフィギュアスケートの技術だとか演技だとか、そういった分野の中で、幸いにも一番上のところにきたと、いま自分は胸を張って言えるので、そういった経験を、みんなに伝えるお仕事ができたらなと思っています。コメンテーターかもしれないけど、テレビというよりはできれば直接、選手の手助けがしたい。あとは何でしたっけ？

――4年前の後から青写真通りにいったのかについては？

全然ですね。19歳の時に（ソチ五輪の金メダルを）取って、すぐに世界選手権があって、一番覚えているのは、最初に何がしたいですか？（の答えが）練習。サルコーの練習って言いました。フリーのリベンジがすごくしたくて、臨んだ世界選手権だった。サルコーの練習ばかりしていたら、ショートで絶対の自信を持っていた4回転トーループでミスをしてしまって、非常にくやしかった。フリーでなんとか挽回して、優勝できた。そういう記憶があります。

その最初の試合から、（けがをした）中国があって、そして手術もあって、捻挫をし、本当にけがと病気と、そういったものに、ずっと苦しみながら、この4年間を過ごしたわけですけど、それは思い描いていなかったですね。思い描けなかったですし。

でも、でも、ですけど、正直に言えるのは、もし何もなくて、NHK杯でけがをするまで、本当に順風満帆で何もなくて、うまくいっていたとしたら、たぶん金メダルを取れていないです。そういういろんな経験があったからこそ、いろんな勉強ができたし、いろんなことを学べたし、それを生かせたのが、今回のけがからの復帰だと思っています。

――4回転アクセルで、右足首にかかる負担は怖くないですか？　どれくらいで習得できると想定していますか？

右足の負担は大きなものになるとは思っています。実際にここまで来るにあたって、4回転ループがまず跳べたのが、移動する前日。4回転ルッツに関しては全くやらず、トリプルルッツが跳べるのも、本当にギリギリだった。痛みとの闘いの中、なんとか、なんとか跳べるようになったというジャンプだったので。

これから、そのジャンプたちを、どうしていくかは分からないですけど、4回転アクセルに関しては、右の足首の状況を見ながら、習得を目指していきたいと思っています。正直に言ってしまうと、やっぱり今、若干満足しちゃっているので。たぶん、いま幸せだから、またすぐ不幸がたくさん起きて、きっと、すぐまたつらい時期がくるんだろうなと思っています。ただ、それは、次の幸せのためのステップだと思うので、ケアも治療もリハビリも、すごくすごくつらいって分かりますけど、そういうものに専念できる時間もとれたらなと思います。

――4回転アクセルの目標を掲げましたが、次に進むモチベーションはすぐに出てくるものなのでしょうか？　この後、休むという選択なく続けられるのでしょうか？

足首次第です。注射が打てれば本当は良かったんですけれど、注射が打てないような部位であって、痛み止めをなんとか飲んで飲んでという感じだったので、はっきり言って、いま状態がちょっとよく分からないです。ただ、はっきりと言えることは、痛み止めを飲まない状態では到底ジャンプが降りられないですし、跳べる状態でもないというのは分かっています。なので、うん、あの、治療の期間がほしいとは思います。

それが、どのくらい長引くのか、あとはアイスショーとかもありますし、やっぱり、せっかく金メダルを取ってきたからこそ、いろんな方々にすぐに伝えたい。すぐに、みんなに笑顔になってもらえるような演技がしたいと思っているので、そこは前向きに検討していますが、競技として、やはり治療の期間が必要だなと思っています。

モチベーションに関しては、スケートをもう辞めたいということは全くないです。何より、モチベーションは4回転アクセルだけなので。もう、取るものは取ったし、やるべきこともやったと思っています。あとは、自分が小さかった頃に描いていた目標。夢じゃなくて、目標をかなえてあげる。それだけかなって思っています。

――けがをしてから足はどんな状態で、どこまで回復したのでしょうか？　この3カ月間、どんな心理状態だったのでしょうか？

えっと、けがの状態については、はっきり言って詳細がよく分からないです。検査もちゃんとしたんですけども、もともと靱帯が損傷してしまっていた部位。やってしまった方向が、あまりにも複雑すぎて、簡単には分からなかったということもある。いろいろな痛みが出てきてしまって、正直に言って、どれがどこまで痛んでいるか、何の治療が一番最適なのか、ちょっと分からない状態です。え～、まぁ、これくらいでしょうか。

3カ月間のメンタルに関しては、う～ん、なんて言ってほしいですか？

自分の心、自分の頭が船頭で、特にネガティブな方向に引っ張られることはなかったですけれども、環境、状況、状態、条件。外的要因からすごくネガティブの方向に引っ張られました。それだけスケートにいろんなものを懸けたし、いろんなものを捨てたし、スケートだけでいいやと本当に思っているので。

だから、これでスケートを辞めなきゃいけなくなったら、どうしようとまで思っていたし、実際に今もどうなるか分からない状況なので、あの、ちょっと複雑な状況でした。

こういう質問で終わるのもなんなので、ねぇ、明るい話なんで、僕の場合は。こうやってスケートを滑れて本当に幸せです。オリンピックのマークがあって、こんなにたくさんの方々に応援してもらって。本当の本当の気持ちは、嫌われたくないってすごく思うし、いろんな方に見られれば見られるほど、いろんなことをしゃべればしゃべるほど嫌われるし。

へへへへ。いろんなことを書かれるし。なんか、ウソみたいな記事が、たぶんこれから、もっともっと出てくるんだろうと思います。

ただ、僕がしゃべったこと、僕がつくってきた歴史、それは何一つ変わらないし、自分の中で今回は誇りを持って、本当に誇りを持ってオリンピックの金メダリストになれたと思っている。これからの人生、オリンピックの金メダリストとして、しっかり全うしたいと思います。ありがとうございました。

構成　編集部　山本大輔

2018年2月18日　メダリスト記者会見

2018年2月27日　日本外国特派員協会で記者会見（東京都千代田区）

目をつぶって回転しながら三重跳び

記者を前に「苦悶」した2.27帰国会見

帰国翌日の2月27日、羽生結弦の姿は日本外国特派員協会にあった。冒頭、英語で「金メダルを獲得できてうれしい。私の演技を見ていてくれたことに感謝している」と述べて、記者会見は始まった。

——長く練習してきて、障害もあった。どうしてトレーニングを継続できるのか。

僕はわりと、フィギュア選手のなかでもけがや病気の多い選手だと思っていて、その間、練習や試合ができないというのがソチからの4年間あって。ただやはり、小さい頃からオリンピックで金メダルをとるのが夢だったし、やはりこの年齢のこの年のオリンピックで金メダルをとりたい気持ちはずっとあった。その気持ちにずっと押してもらいながら、スケートを頑張ってこられたと思います。

——昨年のけが以来、リハビリしたり、論文を読んだり、けがについて調べたりした。それについて教えてほしい。

スケートができない間だからこそ、机やパソコンに向かっていろんなことを学ぶことができたと思っています。もちろん自分の足のけがの治りが遅くて、すごく焦ることもあったんですけど、けがについていろいろ調べたり、自分の痛みや感覚と向き合って、どのようにするとけがが早く治るかを勉強してきた。またけがをすることのないように、トレーニングの方法や器具の使い方とか、その試合に向かうときのメンタルを勉強したなと思います。

足は、痛いときから比べて20～30％ほどしか痛みは落ちていないが、最終的にこうやって、痛み止めと一緒にではありますけど金メダルをとることができたので、やはりその20～30％の痛みを落としてくださったサポートメンバーに感謝しながら、これから滑らなきゃと思っている。

——4回転半ジャンプとはどんなジャンプなのか。可能なら少し跳んでいただいても。

ジャンプは6種類あって、そのうち5種類はすべて後ろ側にすべっていく。アクセルジャンプだけは前側から跳んで後ろで降りるので、半回転まわる必要があります。

ほかのジャンプの説明からいきます。ジャンプのときは後ろ側に跳んでいって、まわっていって、ただアクセルジャンプは1回転だと前向きに降りてしまいます。前向きに降りることはフィギュアスケートだとステップとかスピンとか、そういうこと以外ありえないので後ろ向きで降りないといけない。なので、僕は前側から跳んでここで半回転します。ここで1回転まわるから、半回転多いということになるので。だから一概にクワドロプル、4回転といっても4回転半まわらないといけないので、普通のジャンプより難しい。

またもっと具体的に、技術的な説明をすると、後ろ向きで跳ぶジャンプは手を横にまわしながらやることができるので、回転を多くかけやすい。さきほどもやったように、アクセルジャンプは手を後ろに持っていってそのまま前に出さなきゃいけないので、その遠心力をかけづらい。そのうえで4回転半、まわらなきゃいけないので、難しいということです。

まだ誰も試合でやったことがないですし、4回転半の練習をしている人も少ないと思います。初めの人になれなくても、自分の夢である4回転アクセルジャンプを成功させたいという気持ちでいます。

——次は音楽について。次のプログラムは考えている？

まだ次のプログラムは考えていない。なので、今回オリンピックで使用した曲について説明させていただきます。

フリーの曲は、陰陽師の映画のサウンドトラックのさまざまな場面をミックスして4分半にまとめました。フィギュアスケートはこれまでの歴史から考えて、アジア人が勝つことはほとんどありませんでした。やはりヨーロッパが強くて、それから日本。実際にヨーロッパと日本の間で歴史の違いもものすごくありますし、長さも違います。

何より、表現するスポーツでは、美しさということについてアジア人は圧倒的に不利だと思われてきました。そういったなかで今回、日本の音楽を基調とした曲で金メダルをとることができたのは非常に歴史的なことだし、これから、自分の国の音楽であったり独特の文化をもつ曲であったり、そういったものが増えていくきっかけになってくれればとも思っています。

——新4回転時代という表現も使っていたが、フィギュアには、ジャンプの点数の決め方や芸術性のバランスがある。

それを改正しようとしていることについては。

来シーズンから大きなルール変更があるかもしれないというのは聞いている。さきほども言ったように芸術性がものすごく必要な競技なため、技術的なものが発達しすぎると、どうしてもその技術にふさわしい芸術が足りないということをよくフィギュアスケートでは言われる。ただ、芸術というのはフィジカルもそうですけど、明らかに正しい技術、徹底された基礎に裏づけられた表現力が芸術であって、それがないと芸術にはならないと僕は思っています。

だからこそ、僕はジャンプ、ステップ、スピンをやる際、すべてにおいて正しい技術を使い、それを芸術として見せることが一番大切なことだと思っているので。選手によってはすごくジャンプが大事という人もたくさんいるし、それで勝ってきている人もいます。ただ、僕は難しいジャンプを跳びつつ、それがやっぱりあるからこそ芸術が成り立っているんだな、と言われるようなジャンプをこれからもしていきたいと思います。

——勝負メシは？

日本人としてはすしと言いたいが、競技前に生ものは非常に危険なので。僕はいつも、絶対にごはんは食べるようにしている。日本人らしいのかな。やはり、パンやシリアル、パスタでは、自分は力が出ないので、絶対にごはんを。どの国でもどの会場でも、そのパワーを演技につなげるようにと思って食べている。

——五輪を見ていると、前回よりもさらに素晴らしいものになっているが、それはどこまで持っていけるか。4回転アクセルの話もあったが、将来的に5回転はあるか。

まず、5回転の話から。たぶんジャンプの種類にもよるが、実際に今までフィギュアスケートが科学的な根拠から研究した結果、5回転までは人間の能力でできるのではないかという結果が出ているそうです。なので、挑戦できるならしてみたいなという気もしますし、難しい種類の、5回転半はちょっと無理かもしれないが、小さい頃から自分のコーチに5回転もやれと言われていたので、ちょっと挑戦したい気持ちはある。

言うの忘れてました。特に今回のオリンピックは非常に素晴らしいスケーターがいて、僕の上の世代、下の世代、トップスケーターがたくさんいる試合でした。どの選手も素晴らしい演技をしていたし、そのなかで自分も良い演技をして、みんなから刺激を受けられたのが幸せです。

——4回転半や5回転はどの程度難しいのか、一般の方にわかるように例えてほしい。

まず前置きから言うと、いま現在世界では、6種類あるジャンプのなかで、4回転ジャンプを5種類決めています。アクセルを除いて5種類は決まっている。5種類決まるようになったのはここ3年のうち。みんなが5種類跳ぶようになって、それでも、限られた選手のなかで。

4回転の中で一番難しいのを跳んでいるのはトップスケーターで3人ほどです。

まず、4回転の難しさは正直言って人によって違うと思うんですけど。ああー、ああー……あああああ……、初めてこういう質問が来ました。えっと、目をつぶって、回転しながら三重跳びをやっている感じです。（報道陣から「おおー」の声）4回転半は、2回転しながら四重跳びをする感じか。5回転は3回転しながら五重跳びをする感じ。

——食事の管理は厳しいと思うが、どなたがしているのか。スケートをしていなければ食べたいと思うものは？

僕は食に対してそんなに興味がなくて、言ってみれば難しい質問がまた来た感じです。食事の管理は自分のサポートをしてくれている人がいて、会社だったり、その会社の人が栄養管理の目標値みたいなものを与えてくれている。

ただ、僕は食べても太らないタイプなので、普通のアスリートとは違う生活をしているのかなとは思います。だから、マック、マクドナルドも行きますし、炭酸ジュースもというかガス入りのジュースもすごい好きだし。それと一緒にポテトチップスを食べることもよくあります。

——競技に出る前のルーティンについて。左足からブーツを履くなどあるか。

前は右足から履くと決めていて、あるとき左足から履いてしまって、すごい試合で緊張して、それでうまくいったことがありました。それからは左足から履いてもいいなと思っている。いまは特に、どっちから履くということもなく、これをしなきゃいけないとも思っていない。

絶対に気をつけているのは、これは日本人だからかもしれないが、ベッドのシーツやまくらをきれいにして出る。荷物もきれいにしてから心残りがない状態で試合に出るというのは心がけている。

——平昌五輪では北朝鮮からの選手に会ったか。どんな印象か。日本に招きたいか。

北朝鮮の選手には、フィギュアスケートの違う種目のペア選手にエキシビションの練習中に会うことができた。彼らは本当に一生懸命に練習したし、技術力も持っていると感じている。難しい質問は3回目ですね。僕は政府の人間ではないので、こういう質問は難しいですが、一緒にスケートをやっていて、スケートの仲間であることは絶対に確かなことだし、彼らがオリンピックに出ることができてよかったし、結果も残せてよかったと僕は思います。

——スペインの通信社です。ハビエル・フェルナンデスと一緒に練習しているが、彼との友情についてどう思うか。

彼が日本のメディアですごく僕のことについて語ってくれているのを知っていますけど、僕もスペインのメディアにハビエルのことを聞かれるのを待っていました。彼は本当に優しすぎて優しすぎて、ちょっと競技に向いていないんじゃないかと思うくらい優しいです。それでも一緒に練習するときは、絶対に勝ってやると思って2人とも練習しているし、彼がいたからこそカナダに行ってトレーニングするという選択をしました。

僕は金メダルをとったときに泣いてしまったが、そのスイッチが入ったのは彼のメダルが決定したからでもありました。彼はソチ五輪でメダルをとることができなかった。それをすごく悔しがっていたのを知っているし、一緒に練習してきて、オリンピックのときだけすごく無口になっていたので、やっぱりオリンピックでメダルをとりたいという気持ちは強かったんだろうなと思っていた。だからこそ、彼のメダルはすごい誇らしかったし僕もうれしかった。

これから一緒に試合をするか、彼がスケートをするかはわからないですけど、僕が6年間一緒に練習してきて、彼と高めあいながら練習することができて幸せだったし、彼がいなければこのメダルはとれなかったと思っている。

——最後の質問。練習のやり方について、最近、自分の種目以外のことをする選手が増えてきている。羽生選手はそういったことはしているか。

さきほど話にあったハビエルはずっとサッカーをしている。それがスケートのためになるかはわからないが、海外の選手はよくサッカーをしながらウォーミングアップをしているのを覚えている。僕以外の話で恐縮だが、スピードスケートやショートトラックといったほかの競技では自転車競技や自転車を使った練習方法もすごい確立されている。自転車で跳んだりはねたり、後ろに滑ったりはできないので、フィギュアに向いているかはわからないんですけど、僕はけがをしてリンクに立てなかった期間、自転車で心肺機能や体力を高めるトレーニングをしていました。

フィギュアスケートはまだまだ科学的に研究されているものが少ないし、研究されていたとしても個人だったり、僕も研究している一人かもしれないが、自分のためだったりすることが多いので、僕が2連覇したことも含めて、国として、研究機関として、フィギュアスケートがより研究されることを願っています。

構成　朝日新聞スポーツ部　照屋　健

おめでとう！

gettyimages

米国の元フィギュアスケート選手／1948年サンモリッツ五輪、52年オスロ五輪を連覇

ディック・バトン（88）

羽生選手はゴージャスだ。
音楽にのった美しい振り付けで、素晴らしい舞台。
ブラボー、羽生選手。
（私の五輪2連覇と）タイ記録がつくられた（2月17日ツイッター）

スペインのフィギュアスケート選手／チーム・ブライアンの仲間で平昌五輪銅メダリスト

ハビエル・フェルナンデス（26）

（彼の演技を）誰もが見て学びたいと思う選手の一人がユヅだ。
彼は強い。
悪い時をいい時に変える方法を知っている。
そして、絶対にあきらめない（2月17日ワシントン・ポスト）

2018年2月17日　平昌五輪FS（韓国・江陵）

ユヅーーーーーーーーーーーーーーーー!!!!!
おめでとう、キング（王様）！
結弦を、ものすごく誇りに思う！（2月17日ツイッター）

gettyimages

米国の元フィギュアスケート選手／2008年世界選手権銅メダリスト

ジョニー・ウィアー（33）

結弦をとっても誇りに思う!!!!
なんてチャンピオンなんだ!!（2月17日ツイッター）

ロシアの元フィギュアスケート選手／2006年トリノ五輪金メダリスト

エフゲニー・プルシェンコ（35）

マレーシアのフィギュアスケート平昌五輪代表／同国史上初めて冬季五輪に出場

イー・ジージエ（20）

（羽生選手のジャンプは）
まるで朝ベッドから起き上がって、
すぐにでも跳ぶことが
できるようにさえ見える（2月17日ニューヨーク・タイムズ）

おめでとう!

gettyimages

カナダの元フィギュアスケート選手／1988年の世界選手権で世界で初めて公式戦での4回転ジャンプに成功

カート・ブラウニング（51）

彼は全てを持っている。滑りもジャンプもいいが、典型的なパフォーマーだ。あらゆるプレッシャーに耐えるスーパーパワーを持っているように見える。すべての期待、注目、メディアのカメラなどを、うまく力に変えられる競技者だ

（2月17日ニューヨーク・タイムズ）

偉大なディック・バトン選手以来、初の（五輪）連覇となる金メダリスト。この歴史に立った羽生選手、おめでとう（2月17日ツイッター）

米国の元フィギュアスケート選手／1992年アルベールビル五輪金メダリスト

クリスティ・ヤマグチ（46）

新井さん提供

羽生選手のジュニア時代のホームリンク「アイスリンク仙台」の元管理人／現在は群馬県のリンクに勤める

新井照生（54）

これほど涙を流して喜ぶ羽生結弦選手の姿は見たことがありません。平昌五輪で金メダルが決まった瞬間は、笑顔というより涙でした。さまざまな苦しみを乗り越えて優勝したことはこれまでもあったけど、涙はあまり見せなかった。

それだけに、今回は私もジーンときました。

ソチ五輪の表彰台で見せた、くしゃくしゃとした笑顔が、私が小学生のころから知る彼そのものだったんですが、今回は、それを上回る素顔がたくさん見られたのがうれしい。

けがで競技から遠ざかっていたので、ソチ五輪の時よりも心配しながらテレビ中継を見ました。そこは負けず嫌いの羽生選手。すごい演技だった。本番に強い選手だと改めて思いました。

羽生選手と初めて会ったのは2007年3月、アイスリンク仙台の管理人になった時でした。地元のスケートクラブの一員でしたが、すでに強化選手に指定されていた。滑りを見た時は、小学生の男の子なのに、なんてきれいに滑るんだと驚きました。3回転も普通に跳んでいたと記憶しています。

あっという間に世界のトップ選手になりました。天才です。

でも、ものすごい練習や努力を重ねてきたのを私は見ています。何より、努力家でもあるのです。練習で失敗しても、本番でしっかり決める精神力がある。これが強さの秘密だと、羽生選手を知る多くの人が言いますね。

東日本大震災が起きた11年3月11日、羽生選手はアイスリンク仙台で練習していました。避難して無事だったのですが、リンクは被災。閉鎖を余儀なくされました。その後、「羽生選手のホームリンクを早く再開して」という応援の声が全国から届いた。羽生選手も応援してくれた。おかげで、4カ月で再開できました。

彼の支援には、被災した子どもも大人も元気にする力がある。地元で大きな震災を体験したことで、被災者への思いはとても強いと思います。

私はいま、群馬県でスケートリンクの管理人をしていますが、どこへ行っても羽生選手は子どもたちの憧れです。私にとってもスター。羽生選手にかかわることができて、とても幸せです。これからも羽生選手は新たな目標を見つけて頑張るでしょう。楽しみながら、頑張ってほしいと思います。

編集部　山本大輔

2012年の春、羽生結弦(23)からコーチのオファーを受けた時、ブライアン・オーサー(56)は驚いたという。自身が率いるチームには、羽生と力が拮抗《きっこう》するライバル、スペインのハビエル・フェルナンデス(26)がいる。わざわざそこに加わるのか、と。トップ選手は普通、「自分だけを見てほしい」と思うものだ。半信半疑で、都内でセッティングされた顔合わせの会食に出向いた。

まだ英語を流暢《りゅうちょう》に話せなかった羽生は、会食のあいだほとんど黙ってうつむいていたが、最後に、言ったという。

「僕はトロントに行って、ブライアンと練習したい」

その目の輝きに一目惚れしたとオーサー。2年後のソチ五輪、6年後の平昌五輪への長い道のりを共に歩む決心をしたという。

いきなり世界最高得点

オーサーが拠点としているのは、カナダ・トロントの名門スケートクラブ「クリケットクラブ」。フェルナンデスに羽生からのオファーのことを説明すると、こちらもまた拍子抜けするほど軽やかな答えが返ってきた。

「そりゃすごい！　世界選手権のメダリストが来るなんて楽しみだ」

オーサーはこう感じたという。

「真面目でシャイな日本人の結弦と、陽気でおおらかなハビエル。意外と相性がいいのかもしれない。金妍兒《キムヨナ》の時は彼女だけをお姫さまのようにもり立てるスタイルだったけれど、男子ならライバルと競う環境も面白い」

羽生と練習を始めた当時のことは、いまも鮮明に覚えている。

「とにかくジャンプの才能が素晴らしい。身体は細身でしなやかで、ジャンプに向いているし、無駄な力を使わずに跳ぶ。ハビエルには天才的なバネがあるが、結弦のなめらかな4回転は、見たこともない美しさだ」(オーサー)

もちろん、これから伸ばすべきポイントも見極めていた。

「滑りはまだ若い。ステップやつなぎなどには隙《すき》がある。もっと基礎のスケーティングをしておかないと、『単にジャンプが得意な選手』という印象を与えてしまいかねない。どんなに彼がジャンプを練習したがっても、基礎スケーティングをさせよう。ソチ五輪まで

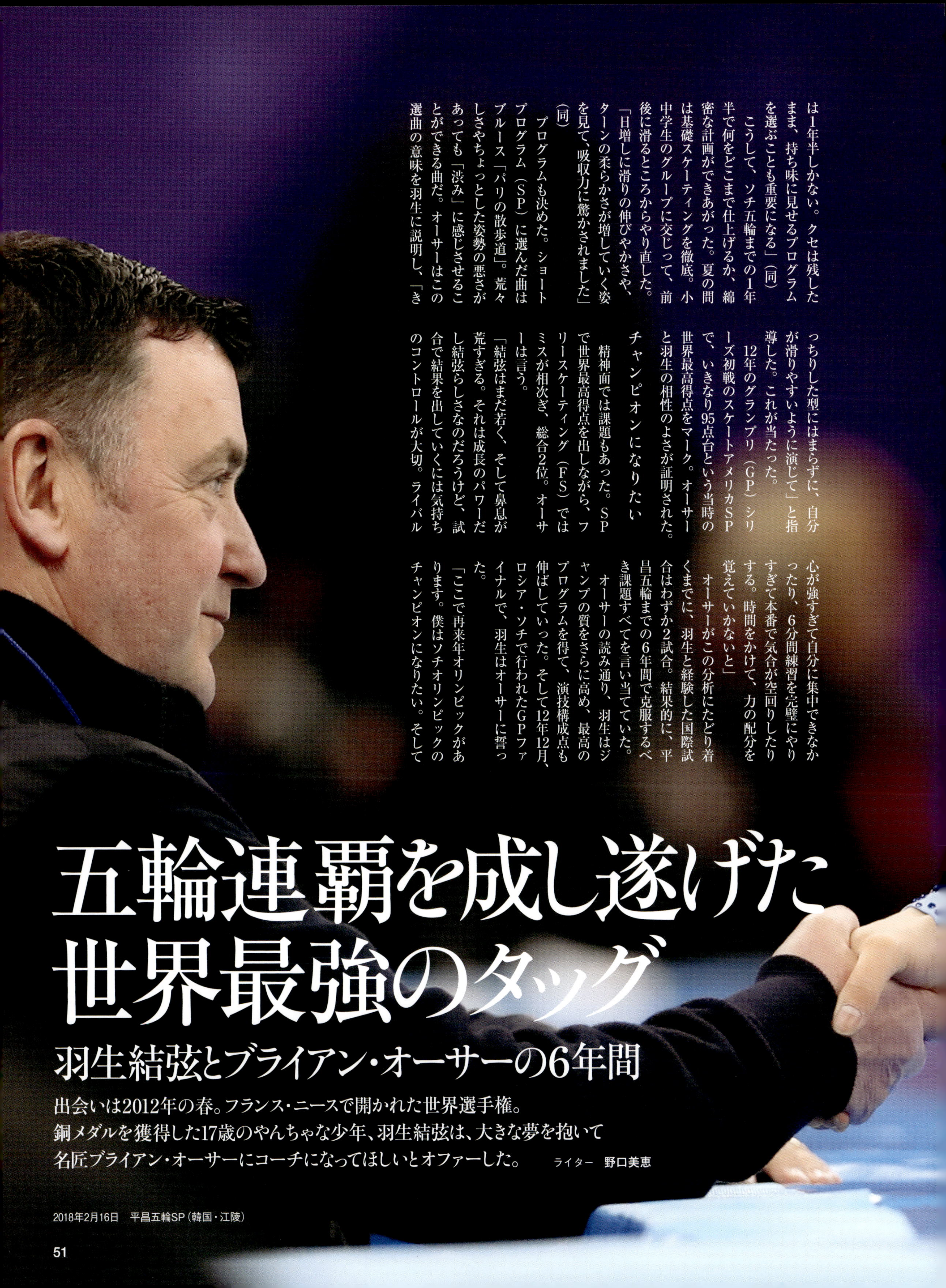

五輪連覇を成し遂げた世界最強のタッグ

羽生結弦とブライアン・オーサーの6年間

出会いは2012年の春。フランス・ニースで開かれた世界選手権。
銅メダルを獲得した17歳のやんちゃな少年、羽生結弦は、大きな夢を抱いて
名匠ブライアン・オーサーにコーチになってほしいとオファーした。　ライター　野口美恵

は1年半しかない。クセは残したまま、持ち味に見せるプログラムを選ぶことも重要になる」（同）

こうして、ソチ五輪までの1年半で何をどこまで仕上げるか、綿密な計画ができあがった。夏の間は基礎スケーティングを徹底。小中学生のグループに交じって、前後に滑るところからやり直した。

「日増しに滑りの伸びやかさや、ターンの柔らかさが増していく姿を見て、吸収力に驚かされました」（同）

プログラムも決めた。ショートプログラム（SP）に選んだ曲はブルース「パリの散歩道」。荒々しさやちょっとした姿勢の悪さがあっても「渋み」に感じさせることができる曲だ。オーサーはこの選曲の意味を羽生に説明し、「きっちりした型にはまらずに、自分が滑りやすいように演じて」と指導した。これが当たった。

12年のグランプリ（GP）シリーズ初戦のスケートアメリカSPで、いきなり95点台という当時の世界最高得点をマーク。オーサーと羽生の相性のよさが証明された。

チャンピオンになりたい

精神面では課題もあった。SPで世界最高得点を出しながら、フリースケーティング（FS）ではミスが相次ぎ、総合2位。オーサーは言う。

「結弦はまだ若く、そして鼻息が荒すぎる。それは成長のパワーだし結弦らしさなのだろうけど、試合で結果を出していくには気持ちのコントロールが大切。ライバル心が強すぎて自分に集中できなかったり、6分間練習を完璧にやりすぎて本番で気合が空回りしたりする。時間をかけて、力の配分を覚えていかないと」

オーサーがこの分析にたどり着くまでに、羽生と経験した国際試合はわずか2試合。結果的に、平昌五輪までの6年間で克服するべき課題すべてを言い当てていた。

オーサーの読み通り、羽生はジャンプの質をさらに高め、最高のプログラムを得て、演技構成点も伸ばしていった。そして12年12月、ロシア・ソチで行われたGPファイナルで、羽生はオーサーに誓った。

「ここで再来年オリンピックがあります。僕はソチオリンピックのチャンピオンになりたい。そして

2018年2月16日　平昌五輪SP（韓国・江陵）

韓国のオリンピックでもチャンピオンになりたい」

この時点で羽生は、世界選手権で銅メダルをたった一度とっただけの少年。しかしオーサーは、この夢の実現を確信した。

「それはいいね。結弦ならできる」

二人はこの時から、「平昌での五輪連覇」へと向かっていたのだ。

衝突で見いだしたゴール

彼らにとっての「折り返し地点」である14年ソチ五輪では金メダル。15-16年シーズンには4回転サルコーとトーループを武器に、世界で初めて総合300点を超えた。

オーサーは綿密に演技全体の得点を計算するタイプ。採点の傾向を分析し、高得点を得るために重要なのはジャンプの数や種類ではなく、技の質への加点や演技構成点であると結論づけた。一方の羽生も「計算好き」だが、好きなのはジャンプの基礎点の計算。新たな4回転の組み合わせを、何パターンもノートに書き出して、ジャンプの計画を練った。

16-17年シーズンに、男子フィギュアが4回転を何本も跳ぶ新たな時代に突入すると、共に受け身をよしとしないオーサーと羽生の間には、衝突も起きた。

オーサーは「トータルパッケージ」の重要性を訴え、ライバルがどんなジャンプを跳んでも、羽生はミスのない演技をするのが大前提だという意見。羽生は、中国の金博洋《ジンボーヤン》(20)やアメリカのネーサン・チェン(18)らが4回転ルッツや4回転フリップを次々に跳ぶ姿に、自分も新たな4回転を跳んで才能を証明しようとした。選手としては、至極当然のことだ。

二人はまず、4回転ループを導入するか否かで意見を異にした。

「4回転ループを入れることで、演技がおろそかになってはいけない。新しいジャンプに集中するのは、王者がやるべきことではない」

と諭すオーサーに、羽生はこう説明した。

「僕にとっては、ジャンプも含めてのトータルパッケージ。4回転ループも演技の一部なんです」

羽生の熱意に説得されたオーサーは、4回転ループを入れた「最強プログラム」が平昌五輪までの2年越しのゴールだと考えた。

羽生は16-17年のシーズン初戦で4回転ループに成功。NHK杯では演技に気持ちを集中させて総合300点を超えた。すべての歯車が合ったのは、17年世界選手権のFS。3種類4本の4回転を決め、一糸乱れぬ演技でFSの世界最高得点となる223・20点。SP5位から逆転で世界王者となった。

そして平昌五輪を控えた今シーズン。羽生は4回転ループの次のステップとして、4回転ルッツの導入を望んだ。オーサーは、

「オリンピックシーズンに新たなジャンプを入れるのは、演技全体が崩れるリスクのほうが大きい。結弦は、ルッツがなくても絶対的な王者だ」

と説明したが、才能がある限り自分の限界に挑戦するのが羽生結弦というスケーターだ。GPシリーズ・ロシア杯では4回転ルッツを成功させ、五輪に向けて4種類目の4回転を手に入れた。

ところが続くNHK杯。公式練習で4回転ルッツの着氷の際に転倒し、右足首を負傷。戦線離脱を余儀なくされた。このケガが予想以上に長引いた。本格的な練習は1月中旬から。平昌五輪は羽生にとって、約4カ月ぶりの実戦となった。二人に焦りはなかったのか。

羽生より一足先に韓国入りしたオーサーは、2月6日、メディアの取材にこう話した。

「ケガはもう全く心配ない。1月から練習を始め、日増しに調子を上げている。4回転トーループやサルコーの質は今までよりよくなった。個人戦までには100%の状態に仕上がるよ」

羽生は2月11日に韓国入り。12日に練習をスタートさせると、リンクサイドでオーサーと談笑し、五輪の空気を楽しんだ。

完璧な演技で伝説を残す

はやる気持ちはあるだろう。それでも、オーサーと二人で立てた綿密な練習計画どおり、12日はトリプルアクセルのみ、13日と14日は4回転トーループとサルコーのみ、そしてSP本番前日の15日に満を持して4回転ループを跳んだ。自分の身体をどうピーキングするか、100%把握している王者にのみ許された、落ち着いた練習スタイル。金メダルという獲物にジワジワとにじりよっていくライオンのようでもあった。

15日の練習の最後の5分は、チームメートのフェルナンデスと共に「クリケットクラブ名物」の基礎スケーティングをシンクロしながらこなし、ハイタッチ。それを見たオーサーは思わず微笑《ほほえ》んだ。

「結弦にとって一番大事なのは、このオリンピックで連覇をすること。それも、ソチのように悔しさが残る演技ではなく、完璧な演技で伝説を残すことです。この6年で一番の笑顔を、彼は見せてくれるでしょう」

オーサーはまるで2日後の未来が見えているかのように、穏やかな笑顔で愛弟子を見つめていた。

2015年8月6日　クリケットクラブでの公開練習（カナダ・トロント）

2017年8月8日　クリケットクラブでの公開練習

小6で目指した金メダル

まだ誰も「羽生結弦」を知らなかった

荒川静香がトリノ五輪で日本フィギュア界に金メダルをもたらした翌年。杜の都・仙台は、経営不振で閉鎖されていたスケートリンクの再開に沸いていた。「第2の荒川選手を」という期待感の中に、羽生結弦がいた。

［朝日新聞07年3月23日朝刊］

リンク営業再開、氷上で笑顔輝く 仙台、若手が演技披露

荒川静香選手が育ったが、経営不振から一時閉鎖されていた仙台市泉区のスケート場が22日、「アイスリンク仙台」として再び営業を開始した。開場式には村井嘉浩知事や梅原克彦市長ら関係者120人が集まり、「第2の荒川選手を」と期待を膨らませていた。

テープカットに続いて、県内の若手選手らが伸びやかな演技を披露。4歳からスケートを続けている七北田小6年の羽生結弦君(12)も氷の感触を確かめた。「ここなら放課後に直行できるから毎日5時間は練習したい。4回転ジャンプをマスターして日本男子初の金メダリストになりたい」と目を輝かせた。

［朝日新聞08年12月20日朝刊］

フィギュアスケート 全日本ジュニアで最年少V 仙台の中2・羽生選手

仙台市立七北田中2年の羽生結弦選手(14)＝宮城ＦＳＣ＝が、11月に名古屋であったフィギュアスケートの全日本ジュニア選手権大会に初出場で優勝した。2月にブルガリアで開かれる世界ジュニア選手権の切符も手にし、リンクの先輩・荒川静香さんに続く五輪の頂点をめざしている。

スラッとした体格から伸びた手足が、氷上で柔らかく、しなやかに舞う。仙台市泉区の「アイスリンク仙台」。最大縦26メートル、横56メートルのリンクをいっぱいに使って滑る。

無駄な力が入っていないリラックスした助走から、糸で上から引っぱられたように体がすっと伸びるように飛び上がる。トリプルアクセルだ。

「左足にちゃんと（重心を）乗せてすべる」「（上に）伸びる伸びる」。1周回るごとにリンク脇の阿部奈々美コーチのアドバイスに耳を傾ける。

全日本ジュニア選手権ではショートプログラムのトリプルアクセルで転倒。失敗のイメージを引きずったまま次のジャンプも失敗してしまう。順位は4位。この時点で1位とは12点差がついていた。

「簡単にひっくり返すことはできない。思い切ってやろう」

点差が開いたことで逆に開き直る。翌日のフリーはほぼノーミスで演じきり、13歳から19歳までが参加するジュニアの部で最年少の13歳（当時）が、逆転優勝を勝ちとった。

身長167センチ、体重48キロ。手足が長いせいか数字以上に身長が高く見える。「男子の中では珍しい」（阿部コーチ）というイナバウアーもできる柔軟性も持つ。

「上手になりたいという意識があって、その気持ちを継続できる」。羽生選手を小学6年から見ている阿部コーチは、強さの秘密をそう

2008年1月11日　日興アセットマネジメント・ニューイヤー・フィギュア・ジャパン・スーパーチャレンジ（名古屋市）

2009年12月3日
ジュニアグランプリファイナルSP（東京都渋谷区）

明かす。一日でも滑らないと感覚が狂うとほぼ毎日リンクに立つ。

　見つめる先は世界だ。5位に終わった9月のジュニアグランプリシリーズのイタリア大会。ジャンプの高さやスピンの速さ、ジャンプから着地点までの幅。世界の滑りを目の当たりにし、「格が違うな」と感じた。帰国後、一つひとつのジャンプを集中して跳ぶことを意識し、成功率を高めた。フリーの後半でミスが続いたことへの反省から、体力強化の練習も増やした。

　だが、「(トリプル)アクセルは低いし、世界に比べるとまだまだ課題はある」と現状には満足していない。

　「自分がここまでやってこられたのは、両親やコーチ、スケート環境を整えてくれた仙台市の人々のおかげ」と話す。目標は五輪金メダル。

　「仙台のリンクから、荒川選手に続きたい」

2009年2月26日　世界ジュニア選手権FS（ブルガリア・ソフィア）

［朝日新聞10年5月7日朝刊］

ひと・みやぎ

羽生結弦さん
フィギュア
世界ジュニア優勝

　オランダ・ハーグで3月にあったフィギュアスケート男子の世界ジュニア選手権で初優勝した。

　練習通りの気持ちで滑ったのが勝因だったという。フリーでは1発目のトリプルアクセルを決め、転倒もなくほぼノーミス。終了後、点数を見て阿部奈々美コーチとともに「すごい！」と満面の笑みだった。

　トリプルアクセルは難易度が高く、昨シーズンまでは成功率が低かった。ジャンプのタイミングがつかめず、回転不足になることが多々あった。

　「踏み切る前にターンを1回入れたら？」。ジャンプ専門のコーチの一言が、突破口だった。跳ぶ前に呼吸を整えられ、肩も変に流れなくなった。練習中から集中力を高めたのも成功の鍵となった。最近は「毎回ノーミス」という。

　練習環境は決して恵まれているとは言えない。「1日2時間滑れたら長いほう」だという。

　それだけに、試合前の集中の仕方にはこだわりがある。前日の夜にはベッドの中で必ずイメージトレーニングをする。自分が滑っている様子を客観的に“外から見る”のと、滑っているときに見ている景色を想像する、その2種類だ。それを交互に10回ほど繰り返す。

　フリーの競技時間は4分。トレーニングには少なくとも1時間はかかる。「目がさえて、なかなか寝付けない」という。

　世界ジュニアで優勝したが、目標はもっと上だ。今より演技の精度や質を上げ、さらにジャンプでは「調子がいい」という4回転にも挑戦するつもりだ。

　今春、東北高校に入学した。4年前のトリノ冬季五輪で日本女子初の金メダルを獲得した荒川静香さんも通った高校だ。「良い選手になるため、そして人間的にも成長できるよう、文武両道でいろいろな世界を見たい」

橋本佳奈

2009年11月23日　全日本ジュニア選手権（横浜市）

期待も祈りも力に変えて

被災地の少年が世界の表彰台へ

シニア1年目のシーズンが終わろうかというときに、あの東日本大震災が起きた。ホームリンクは閉鎖され、練習場所を失った。それでも、あらゆるものを力に変えて、世界の舞台へ躍り出た。

2010年10月22日　グランプリシリーズ・NHK杯公式練習（名古屋市）

[アサヒ・コム10年11月16日]
武内絵美の戦士のほっとタイム

羽生結弦
フィギュアスケート
4回転どんどん

今年シニア大会にデビューした男子フィギュアスケート界のホープ。15歳の素顔を見せてもらいました。

──細いですねえ。顔も小さいし。身長はどれくらいですか。

170センチくらいです。まだ若干伸びています。足のサイズは25・5センチ。でもスケート靴は少し大きめの27センチです。イタリア製で幅が狭いので。

──フィギュアは「見せる」競技でもあるのですが、髪形へのこだわりは。

小さいころからお母さんに切ってもらってるんです。特にオーダーはなくて、勝手に切ってもらってます。

デビュー戦4位

──先月のNHK杯でシニアデビューしました。

とにかく緊張しました。ジュニアでは考えられないお客さんの数だったし、周りの選手もすごかった。

──そこで4回転ジャンプを成功した。

公式練習でいろんな選手の4回転を見て、イメージが自分に入ってきていたんです。ちょっと自信がありました。着氷した時は「やったー」と思ったのと同時に「ここからだ。ほかのジャンプをミスしたらダメだ」と思いました。

──4回転を跳べるかどうかが勝敗を分けるようになってきていますね。

4回転にはすごい魅力があると思うんですよ。ダイナミックさ、回転の速さに引き込まれるものがある。自分たち若い世代はどんどん跳ばないと。キャリアや表現ではベテラン選手に勝てないので。

──結果は4位でした。

勝負事なので負けるのはくやしかったけど、同時に多くのものを得ることができました。悔いはないかな。

──同じ15歳の村上選手が表彰台に上がっていたことはうらやましかったですか。

やっぱりメダルは欲しかったなと思いましたね。表彰式を見て、自分は次の日だったので、「表彰台はいいなあ、自分も取ってやろう」と思いました。ちょっとうらやましかったですね。

──初めてリンクに立ったのはいつですか。

4歳です。姉がスケート教室に通っていて、そのついでにちょっと滑ろうかなと。

──どうでしたか、氷の上は。

覚えてないんですけど、とにかく難しいなっていう感想はありましたね。

──転んだら痛かったのでは。

そのころはあまり痛くなかったですね。今の方が高いジャンプを跳ばなくちゃいけないんで痛く感じる時はあるんですけど。あのころはこけるのが楽しくてしょうがなかったです。やっぱりつるつるしてるんで、滑っていいなあみたいな感じでしたね。

──それからのめり込んでいった。

大きなリンクの中で、試合の時は一人だけで滑り、自分だけを見てもらえる。僕は目立ちたがり屋だったんです。それと、難しいことを達成した時の達成感というのがすごい良かったんで。それではまりましたね。

──野球やサッカーには興味を示さなかったんですか。

野球は好きですね。小学2年生のころ、スケートをやりたくなくなったんです。先生が怖かったし、練習量が多くて練習に行きたくないと。フィギュアは女子のスポーツだという意識も僕の中にあって。学校の友達もサッカーとか野球とかやってて、野球をしたいと思った時期はありました。

──それでもフィギュアを続けた理由は。

母や父に「野球をやれば」って言われるんですよ。でもそう言われるとやっぱりスケートは手放しがたい。表面では「きらい」と言っても心の奥底では好きだったのかな。

──野球は今でもごらんになりますか。

みます。

──たとえばどこのファンとか。

広島カープファンなんですけど。

──でも、ずっと仙台ですよね。

楽天イーグルスももちろん応援しているんですが、広島ファンですね。ちっちゃいころから赤色が好きで、それこそ楽天がまだない時代から好きだったんで。ちょうど野球ゲームで遊んだ時に、赤色の広島カープをプレーしたのがきっかけです。

──前田健太投手とかいい選手が

2011年4月9日　東日本大震災チャリティー演技会での募金活動（神戸市）

いっぱいいますからね。

あんなに細い体でしなやかに投球されるんで、自分のスケートにもそういうとこを生かしていけたらなあと思いますね。

――じゃあ野球からイメージを吸収することもあるんですね。

スポーツには共通するものが絶対あると思うのでいろんなものを見て吸収できたらなと思います。

――フィギュアスケートのヒントになるようなことはありますか。

うーん。自分の父親が野球部の顧問をやっていたんです。回転運動につながる腰の使い方や重心の移動など、野球のそういう動きはヒントになるんじゃないかなあと思いますね。

――いまの学校生活はいかがですか。

学校で友達としゃべるとストレス発散になるんです。スケートで跳べない時に愚痴をいっぱい言います。友達はフィギュアをやっていないからこそ言えるんです。

しなやかさ自慢

――羽生選手の演技は本当にしなやかですね。自身の長所はどこだと思いますか。

柔軟性は男子の中では少し優れているかなと思います。生まれつきです。小学生の時も自慢してましたね。

――イナバウアーをする男子選手は珍しいようですが。

あまり見かけませんね。荒川静香さんがトリノ五輪で金メダルを取ったころ、ちょうど自分のプログラムにイナバウアーがあったんですよ。そこで「後ろに反ってみるか」と。ちょっとしたアピールポイント。ノリでしたね。最初は。当時はバランスが難しくてうまくいかなかったのですが、最近は慣れました。

――その最中はどんな景色が見えるのですか。

見てないです。息を止めてます。ジャンプの前なので、ジャンプで注意するところを考えたり。

――荒川さんはどんな存在ですか。

最初に会ったのは、僕がスケートを始めたころ。同じリンクで滑ってました。昔からすごいなと感じてたし、（宮城・東北高校の）先輩でもあるので特別な存在です。

――ビールマンスピンはどんなきっかけでできるようになったんですか。

スケートを始めてすぐに（ロシアの）プルシェンコ選手が好きになって。プルシェンコ選手がやってたからマネしようと。それが今や自分の代名詞みたいになってるんで、それはそれでうれしいんですけど。回るのが難しかったですね。筋力もなかったし、体幹の力もなかったんで。

――技はどのように磨き上げていくんですか。

コーチのアドバイスを何回も聞いて、それを何回も何回もやっていって。同じジャンプは二度とないと思うんですよね。人間の体なので機械のように同じようにはできないですけど、いいジャンプを跳べたときと同じように、少しでも近づけるようにやらないと試合では決まらない。アドバイスをちゃんと自分の体で覚えさせるというか、アドバイスされた通りに体を動かせるように、コントロールできるようにするのが練習だと思います。

――ほかの選手の演技を見て参考にする、インスピレーションを受ける、ということもあるんですか。

それはありますね。（カナダの）パトリック・チャン選手であったり、あと小塚選手、髙橋選手、織田選手に関してはすごくスケーティングが伸びる。スケーティングがほんとうにきれいな選手なので、自分でもまねしたいなと思います。

――ジャンプに関しては。

ジャンプはいろんな選手をマネします。自分の理想の形に少し近いなと思う選手をピックアップして、取り込んだりしてますね。

――トリプルアクセルの話をお聞きしたいんですけど。

合宿の時だったんですけど、浅田選手がトリプルアクセルを跳んでいて。「タイミングで跳んでいる」というのを、すごく感じたんですよね。やっぱり生で見るのとテレビで見るのとはまた違っていて、その感覚というかイメージが無意識に入っていった。そのおかげで僕もトリプルアクセルを跳べたのかなと思いますね。浅田さん

2011年5月21日　被災したホームリンク「アイスリンク仙台」(仙台市)

がトリプルアクセルを跳んでるのを自分の体で具現化するというか、想像と一致させるようにすると跳べてましたね。

——19日開幕のロシア杯に出場されますね。どんな演技をしたいですか。

後半のジャンプを決めたいし、4回転も決めたい。パーフェクトな演技を目指して、表彰台を目標に頑張りたい。

——その先にあるグランプリファイナルにも出場したいですよね。

出場したい気持ちはありますけど、一戦一戦を大事にして、経験して得られるものがあったんだったらちゃんと得て、それをちゃんと生かせればいいかなと思います。

——シニアのグランプリファイナルというのはイメージはありますか。

ないですね。第1戦のグランプリシリーズが終わって、映像を見てもまだ実感がないですし。何で僕の次にこんな人が滑ってるんだろうって感じもありました。まだシニアで戦ってるって実感はないですね。

——将来の夢は。

(2014年)ソチ五輪に出場して経験を積んで、その先の五輪で金メダルを取れたらなと思います。

——本当にしゃべるのが上手ですよね。

いやあ緊張してますすよ。

——しゃべることに対しての意識は高いんですか。

僕の理想の選手スタイルというか、選手像というのは(ゴルフの)石川遼選手なんです。インタビューとかも気を付けるようにしています。

——石川選手のどういったところがすごいと思いますか。

自分のことを冷静に評価している点ですね。それと、英語を使えるのは大きいなと思いますね。英語は大事ですね。自分はまだまだですけど、勉強しないといけないなって思いましたし、しゃべりたいなって。そうすれば友達も増えるんで。

[アエラ11年11月7日号(10月31日発売)]

表紙の人

フィギュアスケート選手 羽生結弦

「王者になる。まずそう口に出して、自分の言葉にガーッと追いつけばいい」

目標を言葉にして、自分自身をごまかせなくしてしまうのが、勝利の秘訣。ビッグマウスぶりが頼もしい。トップアスリートの資質は十分だ。

線の細いしなやかな体つき。女子顔負けの柔軟性。そしてあどけない笑顔。思わず「可愛い」と言いたくなるが、口を開けばキャラは一転。

「『いい演技をするのが目標』なんて謙遜する選手が多いけど、完璧な演技で負けたら屈辱的でしょ！　僕は勝ちたい」

この潔さが心地いいのだ。

快進撃の始まりは12歳。全日本ジュニアで3位となり、15歳でジュニアの世界王者に駆け上がった。シャイな日本男子の中では珍しい、演技に入り込む表現派。シニアデビューの昨季は、試合で4回転ジャンプも成功させた。

原動力は負けん気だ。2010年11月のロシア杯。世界最高のスケート技術を持つと言われるパトリック・チャンと一緒の練習で、とった行動は「追跡」。滑る軌道やエッジの使い方を盗むためだ。

「王者に勝てば自分が王者。だからまねして滑ったんです」

今年2月の四大陸選手権では自己ベストを更新したが、その直後、仙台で練習中に東日本大震災に見舞われた。自宅は全壊。ホームリンクも営業停止に。練習場所を確保する目的もあって、夏はショーを転々とした。その数なんと60公演。

「本番だから全力で滑り切る。体力がついたし、新しい強化方法になりました」

転んでも、タダでは起きないのだ。

被災者としての葛藤もあった。「インタビューには『被災者の代表としてスケートを頑張ることでみんなに勇気を与えたい』なんて答えたけれど、きれいごとじゃないか」

仙台空港へ向かったある日。見慣れた住宅街は消え、ガレキの先には海。海なんか見える場所じゃなかったのに。その衝撃で、もやもやが吹き飛んだ。

「被災したことに甘えたくない。実力で選ばれた日本代表のスケーターとして、結果に責任を持たないと」

今シーズンのGP初戦は11月4日からの中国杯。

「期待されてる感覚が好き。それはプレッシャーじゃなくて快感なんです」

ライター　野口美恵

[朝日新聞10年11月30日朝刊]

スポーツ人物館

フィギュアスケート・羽生結弦 音楽性輝く新星

やわらかく、しなやかに。長い腕と足を生かし、銀盤を舞う15歳。2014年のソチ五輪出場に期待がかかる男子フィギュア界の新星だ。

今季から、クラスをジュニアからシニアに上げた。デビュー戦となった10月下旬のグランプリシリーズNHK杯のフリーでは、男子のトップ選手が跳ぶ4回転トーループに成功。バンクーバー五輪銅メダリストの髙橋大輔選手らが出場する中、表彰台まであと一歩の4位と好スタートを切った。

仙台市出身。姉の影響で4歳からスケートを始めた。身長は高くないが、細身の体はすらりと高く見せる。柔軟性が高く、男子では珍しく体を反らすイナバウアーも

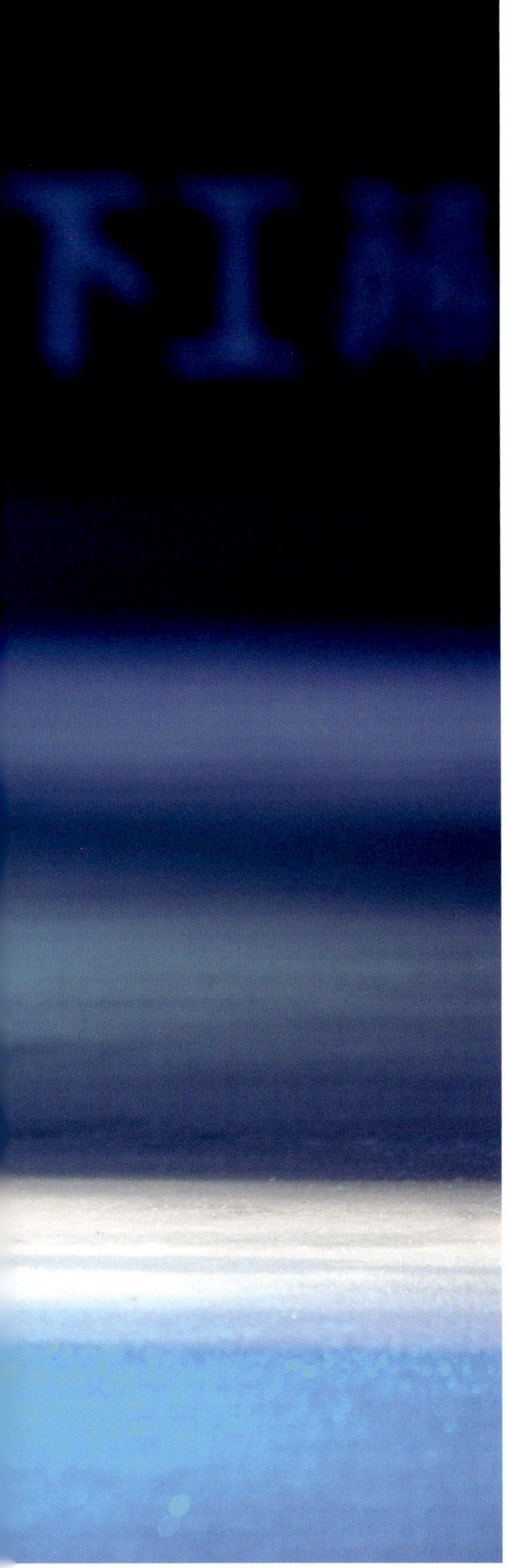

2013年3月12日　世界選手権公式練習（カナダ・ロンドン）

できる。

仙台市立七北田中2年の時、全日本ジュニア選手権を史上最年少で制覇し、昨季の世界ジュニア選手権で優勝。小6から指導する阿部奈々美コーチは、音楽表現力の高さとともに「向上心が高く、自分自身で目標を立てて進める」と評価する。

その感覚は、とても繊細だ。演技に入る前、顔の前で手を十字に切る。祈りのしぐさではない。体の縦の軸と、両肩の平行線を意識するため。「試合の翌日も滑る」と話す通り、少しでも感覚が鈍らないように毎日のようにリンクに立つ。就寝前には演技で流す曲を20分聞き、自分の滑りを頭の中でイメージして曲を体に染み込ませる。「曲のストーリーを体で伝えられるように。体から音が出るような感じにしたい」

シニアで痛感したのは体力。フリー演技が30秒延び、4分半になった。NHK杯は「疲れでプログラムに集中しきれなかった」。11月下旬のロシア杯では4回転に失敗し、7位。「4回転はシニアとジュニアの境界線。安定して決められる体力をつけたい」と練習に励む。

リンクを出れば「普通の高校生と変わらないです」と笑う。移動中はJポップを聴く。人気バンドのミスターチルドレンやバンプ・オブ・チキンがお気に入り。「スケートに出会っていなかったら、野球少年だった」と言う。「赤が好き」という理由で、小さいころから広島カープのファンだ。

周囲の期待は高まるばかりだが、本人は冷静に先を見据える。「ソチまであと4年ない。まず自分にしか表現できないスケートを」

篠　健一郎

フィギュアスケート・GPファイナル

羽生4位、勢い増す

［朝日新聞11年12月12日夕刊］

おそらく今、日本男子で最も4回転の成功率が高いのが羽生である。冒頭、果敢に4回転トループに挑み、中国杯以来となる成功。大歓声に包まれた。

17歳の勢いは末恐ろしいものがある。次々とジャンプを決め、スピンもステップも高いレベルでまとめあげた。悔やまれるのは最後の3回転サルコー。着氷が乱れ、左手をついてしまった。だが、目の肥えたカナダのファンが総立ちで羽生の好演に拍手を送った。

羽生は「結果（順位）はなかなかついてこないけど、しっかりやりきれた。SPは不完全燃焼だったけど、フリーはほぼ完全にできた。この経験を生かして全日本選手権に向けた準備をしたい」。日本男子に新風が巻き起こりそうだ。

フィギュアスケート・世界選手権

高橋、気高い復活 4回転成功で自信

［朝日新聞12年4月1日朝刊］

フィギュアスケートの日本男子が新たな歴史を作った。31日、フランスのニースで行われた世界選手権。元世界王者の高橋大輔（関大大学院）が銀メダル、初出場で17歳の羽生結弦（宮城・東北高）が銅メダルをつかんだ。女子では2007年に安藤美姫が「金」、浅田真央が「銀」を一緒に獲得しているが、日本男子が複数のメダルを得たのは初めてだ。

ショートプログラム（SP）3位の高橋は4回転ジャンプを含むすべての要素をほぼ完璧に演じ、フリーは3位とまとめた。SP7位の羽生は演技途中に転倒するアクシデントがあったが、4回転ジャンプを鮮やかに決め、フリーは2位と躍進。2連覇を飾ったパトリック・チャン（カナダ）に迫った。前回銀メダルの小塚崇彦（トヨタ自動車）は11位だった。

羽生万感、自己ベスト

羽生は4回転を含む最初の三つのジャンプをきれいに着氷。スピードに乗ったスケーティングが技と技をつなぐ。途中でつまずき転んだが、立ち上がる。体力面が課題だった後半まで滑りきり、フリー、総合ともに自己最高点を記録した。

昨年3月11日、仙台市のリンクで練習中に揺れに襲われ、靴のまま避難して刃を壊した。1人前のご飯を家族4人で分け合う経験もした。4月、世界選手権でトップ選手が被災地への支援を呼びかける姿を見て、「自分もそうありたい」。この大会が目標になった。

復興支援のショーには60回以上参加。ショーの現地に早めに入って練習の足しにした。そして、限られた時間の合間を縫ってモスク

2011年10月1日　ジャパンオープン2011（さいたま市）

ワへ赴き、ロシアの五輪金メダリストのアイスダンスコーチにスケーティングを学び直す努力も積んだ。

最初は「スケーターじゃなく被災地代表として見られる自分ってなんなんだろう」という疑問が涙になってあふれ出たこともある。それが今は「自分が演技をすることで、震災の記憶を世界へ発信したい」。銅メダルの輝きは、その思いを伝えてくれる。　後藤太輔

［朝日新聞12年4月26日朝刊］

フィギュアスケート

羽生、金妍児育てたコーチに変更

日本スケート連盟の伊東秀仁フィギュア部長は25日、フィギュアスケート世界選手権男子シングルで3位だった羽生結弦（宮城・東北高）が、コーチを阿部奈々美氏からカナダ人のブライアン・オーサー氏に変えたことを明らかにした。同氏は、2010年バンクーバー五輪女子シングルで金メダルを獲得した金妍児《キムヨナ》（韓国）を育てた。伊東部長は変更の理由を「海外に出てさらに成長するため」と話した。

［朝日新聞13年2月8日朝刊］

ソチカウントダウン！あと1年

フィギュアスケート・羽生結弦

18歳の全日本王者は目を見張る速度で成長を続ける。7日、四大

陸選手権の公式練習で4回転サルコーを2度決めた。今季試合でミスすることが多かっただけに、「昨年12月、ブライアン（オーサー・コーチ）に疑問を全部ぶつけた」という。吸収することに夢中な日々だ。

昨春、地元仙台を離れ、カナダ・トロントに拠点を移し、オーサー氏に教えを請うた。「指導法が合わない部分が絶対生じるから、今季は我慢の1年だと思っていた」。だが、昨年10月、今季開幕戦のスケートアメリカのショートプログラム（SP）で歴代世界最高点となる95・07点を記録。11月のNHK杯ではそれを0・25点上回った。

新たな環境で向上心を刺激された。ライバルは同じくオーサー氏に指導を受け、欧州王者になったハビエル・フェルナンデス（スペイン）だけではなかった。スケートクラブの子供たちができることを、羽生はできなかった。例えば、片足のエッジ（刃）の外側前方だけに体重を乗せ、上半身を固定したまま滑る。子供たちは、そこから片足だけでターンを繰り返す。

「悔しかったですよ。でもうれしかった。できなくてうれしかったんです。練習でこういう感情になれた。『俺、もっとこうなりたい』っていうものが色々と見つかったんです」

仙台で練習していたリンクではナンバー1だった。悔しさが芽生えるのは、試合の結果だけ。今、毎日のように目指したいものがみつかり、意欲的にさせてくれる。

「4回転サルコーの成功率、フリーを滑りきる体力、情感を出す力、スピン、スピード……」。話を聞けば「勝ちたい」と口にしたが、いま、自分の演技内容について多くを語るようになった。

4歳でスケートを始め、7歳で2002年ソルトレーク五輪を見て五輪のメダルに憧れを抱いた。10年に世界ジュニア王者になったが、意識したのは、ソチではなく、18年の平昌（韓国）だった。昨年12月、ソチ五輪の会場となるリンクであったグランプリ（GP）ファイナルで銀メダルを獲得しても、「ソチで何位になりたいとか、そういう思いはまだないですね」。明確なイメージが出来なかった。

今は何より、何をできるようになったかが大事だ。「順位を気にせず自分に集中する」。行き着く先に何が待っているのか。それが自分でも楽しみだ。

後藤太輔

2013年3月13日　世界選手権SP（カナダ・ロンドン）

男子、ソチ3枠へ正念場

フィギュアスケート・世界選手権

［朝日新聞13年3月15日朝刊］

第2日は14日、カナダのロンドンで女子ショートプログラム（SP）が行われ、日本勢は鈴木明子（邦和スポーツランド）が24番、村上佳菜子（愛知・中京大中京高）が30番、浅田真央（中京大）が33番滑走で登場。金妍児（韓）は14番目。

13日にあった第1日の男子SPでは、歴代世界最高得点を更新したパトリック・チャン（カナダ）が首位に。日本勢は髙橋大輔（関大大学院）の4位が最高で、ジャンプに大きなミスの出た羽生結弦（宮城・東北高）は9位、無良崇人（中京大）は11位。今大会の成績でソチ五輪の国別出場枠が決まるが、最大の3枠獲得へ向け、正念場を迎えた。

SP9位羽生、体調崩しフリーに不安

「とにかく悔しすぎて。ハー。とにかく悔しいです。本当に悔しいです。フー」。羽生は、言葉と言葉の間で荒れた呼吸をしながら心境を語った。2分50秒のSPにしては、異常とも言えるほどの息切れ。期待された羽生がつまずき、日本男子の先行きが不透明になった。

羽生は冒頭の4回転トーループで転倒し、壁にぶつかった。連続3回転は、3回転ルッツ一つだけに。自己ベストより約20点も低い得点で9位だった。2月の四大陸選手権後にインフルエンザで10日休んだことをオーサー・コーチが明かした。左ひざの打撲については「すいません。今は言えません」と羽生自身は言及を避けた。フリ

2011年12月25日　全日本選手権（大阪府門真市）

ーが終わるまでは体調不良を認めないように努めているようだ。だが、影響は明らかだった。

髙橋は今年に入って変更したSP中心の滑り込みで疲れが残り、ジャンプの回転不足をとられて4位。無良は「氷に立ったときに緊張が強くなってしまった」。4回転が1回転になって11位だった。

今大会で日本選手上位2人の順位の合計が13以内なら、ソチ五輪の出場枠が最大の3枠となる。SPを終え、髙橋と羽生の順位を合わせると、ちょうど13。羽生は「自分のやってきたことを信じてやる」と話したが、4分半のフリーはSP以上にスタミナが要求される。厳しい戦いになりそうだ。

後藤太輔

[朝日新聞13年3月16日夕刊]

フィギュアスケート・世界選手権

羽生4位、髙橋6位 ソチ3枠獲得

第3日はカナダ・ロンドンで男子フリーがあり、ショートプログラム（SP）9位の羽生結弦（宮城・東北高）がフリー3位となり合計244・99点で4位に入った。SP4位の髙橋大輔（関大大学院）は6位、SP11位の無良崇人（中京大）は8位。来年のソチ五輪各国出場枠が決まり、日本男子は最大の3枠を獲得した。SP首位のパトリック・チャン（カナダ）が3連覇を達成。

ペアはSP1位のタチアナ・ボロソジャル、マクシム・トランコフ組（ロシア）がフリーもトップになり、合計225・71点で初優勝した。アレクサンドル・スミルノフ、川口悠子組（ロシア）は6位。

痛み耐え、気迫の演技

羽生が意地と気迫で、フリーを滑りきった。「やりきった達成感がある」。演技を終えると、雄たけびを上げてひざから崩れ落ちた。

冒頭の4回転トーループを決めると、続く4回転サルコーは着氷で右手をついたが、持ちこたえた。ステップはスピードを緩め、「とにかく抑えて温存」。そして後半の3回転－2回転－2回転、3回転ルッツにつなげた。

体調不良でSPは9位に沈んだ。2月にインフルエンザにかかり、その後の練習で左ひざ、フリー演技前の練習では右足首も痛めた。痛み止めを服用しての強行出場だった。

「練習は1時間も出来なかった。4回転もほとんどゼロの状態。痛み止めは量が多いと感覚が無くなるので、少なめにしました」。無理を押して氷上に立ったのは、「五輪枠のこともあった。とにかく気合」。

初出場で銅メダルを獲得した前回に続く表彰台には届かなかった。だが、大舞台でハートの強さは証明して見せた。

福角元伸

2012年3月31日 世界選手権エキシビション（フランス・ニース）

羽生時代の幕が上がった

有言実行の絶対王者は金にも「悔しかった」

小学校6年で「日本男子初の五輪金メダリスト」と口にした少年は、19歳でその夢を叶えた。しかも、このシーズンは、グランプリファイナルと世界選手権も制し、五輪と合わせて三冠。「4年後も」の意識が芽生えた。

【朝日新聞13年12月7日朝刊】

フィギュア・GPファイナル

羽生初優勝、ソチ手中

グランプリ（GP）ファイナルは、福岡市のマリンメッセ福岡で第2日があり、男子は前日のショートプログラム（SP）首位の羽生結弦（ANA）がフリーも193・41点の1位となり、合計293・25点で初優勝。SPに続いてフリー、合計点ともに自己最高を更新した羽生は、来年のソチ五輪代表争いで大きくリードした。日本男子の優勝は昨季の髙橋大輔（関大大学院）に続き2人目。

SP2位で世界王者のパトリック・チャン（カナダ）は合計280・08点で2位。SP3位の織田信成（関大大学院）は3位、SP6位だった町田樹（関大）は4位に順位を上げた。

鮮やか3回転半 チャン超えた

きれいで、伸びのあるトリプルアクセル（3回転半）からの連続ジャンプを羽生が2度決めた。体力的に苦しくなる後半、しかも、複雑なステップから跳んだ。出来栄え点で大きく加算される質の高さだった。技術点の102・03点は世界歴代最高を記録した。冒頭の4回転サルコーは転倒。最後のスピンもレベル1になるミスがあった。それを補ってあまりある後半のジャンプ。「転倒後でも、アクセルをしっかりできた」と自賛した。

2014年2月6日　ソチ五輪団体SP（ロシア・ソチ）

ジャンプの基礎点が1・1倍となる後半、三つの連続ジャンプを含め五つのジャンプ要素を跳ぶ。そこで得た点は、56・53点。同じように後半に五つ跳んだチャンのそれは、39・87点。大きなミスのなかったチャンを羽生が上回った理由は、ここにある。

かつて、トリプルアクセルの失敗に泣いた。2009年世界ジュニア選手権で屈辱の12位。「すっごく悔しくて、色んな人のアクセルを研究した」。トップ選手の跳び方で、自分に合うものを盗んだ。特に小塚崇彦（トヨタ自動車）のものと共通点が多いという。今は、「年末年始に休んだ直後でも、ポンと跳べる」と言えるまでになった。7日が19歳の誕生日。「ソチ五輪に向けて、本当に大きな一歩」。18歳最後の日に世界王者を破り、初の五輪、そして世界の頂点への道筋がはっきりと見えてきた。

後藤太輔

［週刊朝日14年2月14日号（2月7日発売）］

ソチ五輪の王者を作る「メダル飯」羽生結弦の栄養サポーターが明かす

いよいよ7日、ソチ五輪が開幕する。世界の最高峰を目指し、強靱な肉体と強い精神力で挑むアスリートたちは、一体どんなものを食べているのか。日本の代表選手が存分に活躍できるよう「食」の面からバックアップする専門家に〝メダル飯〟の中身を聞いた。

金メダルに最も近いと期待が高まるフィギュア男子の羽生結弦(19)をサポートするのは、味の素社員で五輪選手の栄養指導をしている栗原秀文さん(37)。

「彼はもともと食べることに興味がなく、食が細くて、放っておくと全然食べない。好物はすしと焼き肉と公表していますが、それは自分が食べたい量を調節できるからなんですよ」

昨シーズンは演技後、筋肉が疲労し切って、なかなか立ち上がれなかった。試合が終わるたびに風邪をひき、次の試合まで練習できないことも多かった。

そんな羽生を栗原さんが担当することになったのは昨年7月。「4分30秒滑り切れる強い体づくり」と「風邪をひかないコンディショニング維持」を2大テーマに掲げ、「汁モノ作戦」に取り組んだ。

「彼は胃の動きが遅いので、食べ始めた直後、『だし』で胃の中のグルタミン酸を引き出し、食欲を刺激するようにしました。鍋好きなので、夜はいろいろな味をお母さんに作ってもらって。チゲ鍋が好きみたいですよ。海外遠征でも、レストランのサラダコーナーの野菜と自社製品の合わせ調味料を保存容器に入れ、レンジで一人鍋を作るよう指導しています」

さらに栗原さんは、食事を楽しみなさい、と強調しているという。

「厳しく管理すると精神的なプレッシャーになりますが、楽しい食事だと摂取量も増えるんです。胃を萎縮させないことを重視しています」

2014年2月6日　ソチ五輪団体SP

その甲斐あってか、今シーズンは風邪をひかず、持久力も上がったという。

宇佐美里圭

［朝日新聞14年2月7日朝刊］

ソチ五輪／フィギュアスケート・団体

高得点プルシェンコ、羽生の挑戦

10チームが出場しているフィギュア団体の最初は男子SP。日本代表の羽生結弦の前にロシア代表として演技したのが、羽生があこがれたエフゲニー・プルシェンコだった。

プルシェンコは得意の4回転からの連続ジャンプを冒頭で決めるなどミスのない演技で91・39点。自己ベストとなる高得点を出し、前半の5選手が滑った段階で1位となった。

男子SPの最終滑走となった19歳の羽生は、「本当にオリンピックなんだな、とか思って、ちょっとわくわくしています」と話した。

7歳で見た2002年ソルトレーク五輪を強烈に覚えている。ロシアのアレクセイ・ヤグディンとプルシェンコのハイレベルな戦い。SP4位からフリーで難しいジャンプに挑んで銀メダルに届いたプルシェンコが印象に残った。「五輪を意識した。夢を持つきっかけだった」

それ以来、プルシェンコを「僕のヒーロー」といい、テープがすり切れるほどビデオを見て、まねをした。

髪形はプルシェンコと同じマッシュルームカットで、イナバウアーや、背後から足を高く上げるビールマンスピンもまねするうちに身につけた。

この五輪でも行う技だ。

もう一つまねたいものがある。それは「絶対的存在感」だ。「プルシェンコのように、男子スケーターと言えば羽生結弦と言われたい」

そのプルシェンコと、団体戦で早速対戦。

「楽しみだし、学べるところもある」と話す一方で、「それはそれでいいが、でも今回は試合」。五輪の金一つ、銀二つを持つあこがれの人と、今や実力は対等以上。初めての大舞台でも、存在感を放っている。

後藤太輔

［朝日新聞14年2月8日朝刊］

ソチ五輪／フィギュアスケート・団体

羽生、磨き上げたSP 後半ジャンプで引き離す

地元ロシアのプルシェンコが皇帝健在をアピールする演技を披露する一方で、世界王者のチャンですらジャンプにミスが出た五輪の舞台。

会場がどよめきを残す中、五輪初出場の羽生結弦が一人、最終滑走者としてリンクに立った。

前に滑った選手の演技を見ず、集中した。冒頭の4回転をきれいに決めると、後半のトリプルアクセル（3回転半）ジャンプ、連続3回転ジャンプもしっかり成功させた。

4回転－3回転の連続ジャンプを決めたプルシェンコも、スケーティング技術に秀でるチャンも上回って、SP1位。「自分の精いっぱいの演技ができ、チームに貢献できた」と自分を褒めた。

羽生の高得点の理由は、後半の二つのジャンプ要素にある。体力が消耗したところで跳ぶため、基礎点が1・1倍になる。しかも羽生は難しい入り方からジャンプを跳ぶため、出来栄えの評価が高くなる。

3回転半は、片足で難しいターンをした直後に跳ぶ。ここで、4回転トーループの基礎点（10・30点）を上回る11・92点を得た。次の3回転ルッツ－3回転トーループの連続ジャンプでも11・81点。結果的にジャンプの得点だけを見ても、プルシェンコに3点以上の差をつけ、チャンとは約10点の差を開けた。

五輪で2大会連続銀メダリストのオーサーコーチですら、「初めてで、どうすればいいか分からなかった」という団体での演技だった。カナダからソチに到着して4日目で、羽生自身も「コンディションは、まだ万全ではなかった」という。

しかし「到着した直後は、『これがオリンピックか』と思ったが、日に日に普段通りに戻れた」。

昨季世界歴代最高得点を出したプログラムを今季も継続したことで「全力を出すことを意識」するだけでいい演技ができるほど体になじんできている。

オーサーコーチも「彼の精神状態はいい状態だった」と褒めるほどの心と技術だった。

後藤太輔

［アエラ14年2月17日号（2月10日発売）］

氷上の転機／ソチ五輪

羽生結弦 筋肉の名を覚え、解剖学を学ぶ。そして「4回転時代の申し子」になった

米誌スポーツ・イラストレーテッドは1月末、ソチ五輪の金メダル候補として2人の日本人の名前を挙げた。一人はノルディックスキー・ジャンプ女子の高梨沙羅。そして、もう一人がフィギュアスケート男子の羽生結弦(19)だ。

ソチを見据え、「命を削るくらいの演技をしたい」と臨んだ2013－14年シーズン。グランプリ（GP）シリーズのカナダ、フランス杯はいずれも2位に甘んじたが、年末のGPファイナルではショートプログラムで世界歴代最高得点を記録。世界選手権を3連覇し、絶対王者に君臨していたパトリック・チャン（カナダ）を抑え、初優勝した。続く全日本選手権も、2位の町田樹に20点以上の大差をつけて連覇。世界ランキング1位

2014年2月5日　ソチ五輪団体公式練習

2014年2月6日　ソチ五輪団体SP

で五輪を迎える。

長い手足を駆使したステップやスピン、演技にのめり込む表現者気質。日本フィギュア界の新世代と言われる羽生の強さはひと口では語れないが、最大の武器はジャンプだ。

トーループとサルコーという2種類の4回転を始め、「力に頼らず流れで跳ぶ」（羽生）というジャンプは高く、勢いがあり、出来栄え点で大きな加点を稼ぐ。ただ、意外にも、ジャンプに開眼したのは同年代のスケーターの中でも遅い方だったという。中学生時代の羽生のコーチを務めたプロスケーターの田中総司さん(31)は、こう振り返る。

「当時はライバルの田中刑事（13年の全日本選手権8位）や日野龍樹（同12位）の方が3回転の完成度は高かった。よほど悔しかったんでしょう。ユヅルはそれを上回るトリプルアクセル（3回転半）をモノにしようと、がむしゃらだった」

09年の世界ジュニア選手権は12位と惨敗。翌シーズンの全日本ジュニア選手権は優勝したものの、成功の確率が低いという理由でアクセルは演技から外された。羽生は、小塚崇彦らトップ選手の跳び方を研究。部分的にでも自分に合う要素を探し、継ぎ合わせてアクセルの完成度を高めようとした。羽生迎えた10年の世界ジュニア。羽生は2回のアクセルを跳び、日本男子で初めて、中学生で同大会を制した。シニアデビュー戦となったその年のNHK杯では、4回転にも成功。ほどなくして、「4回転時代の申し子」と言われるまでになった。

「もともとの柔軟性と体幹の強さ、そこに日本一のジャンプが加わった。こいつ、化け物みたいな選手になるぞ、と思いましたね」（田中さん）

仙台市郊外にある「アイスリンク仙台」。02、03年の世界選手権銅メダリストの本田武史やトリノ五輪金メダリストの荒川静香が輩出した、東北のフィギュアの聖地ともいえるスケート場だ。

仙台出身の羽生も4歳から通ったホームリンク。入り口に、昨年夏に書き込んだ七夕の短冊が飾られている。

《オリンピック出場！　ケガなく全力で演技する！　ショート、フリー両方ともノーミス！》

小学生の頃の羽生を指導したのは、76歳の今も現役コーチの都築章一郎さん。1977年の世界選手権銅メダリスト、佐野稔さんらを育てた名コーチだ。都築さんはスーパーのダイエー創業者、故・中内㓛さんから「オリンピック選手をつくってほしい」と直々に頼まれ、傘下のスポーツクラブが80年代後半に開業したこのリンク（当時の名称は「オレンジワン泉」）のスケート部長に就いた。

都築さんによると、当時の羽生のお気に入りの練習はプレゼンテーション。曲に合わせてアドリブで踊り、音の感性を養うもので、特にスウィングジャズがかかるとノリノリで体を動かしていたという。11年の東日本大震災の発生時も、羽生はリンクの上にいた。

だが、12年春、羽生はこの場所を離れ、カナダ・トロントに旅立つ。この年の世界選手権で初出場ながら3位を獲得。さらに飛躍する刺激を、新天地に求めたのだ。新コーチは、あのキム・ヨナ（韓国）を育てたブライアン・オーサー。同門生には4回転の名手で知られ、ソチにも出場するハビエル・フェルナンデス（スペイン）が

2013年12月22日　全日本選手権FS（さいたま市）

いた。だが、もう一人、羽生にとって運命的な出会いがトロントで待っていた。マッサージセラピストの青嶋正さんだ。

トロントには練習や振り付けのために世界中から多くのスケーターが集まってくる。フィジカルケアの第一人者として、青嶋さんは村主章枝や織田信成など、日本のトップ選手の信頼を集めてきた。

ジャンプは難易度が高くなるほど、体への負担も大きくなる。羽生は13年の世界選手権で右足首を痛め、国別対抗戦を棄権した数週間後に青嶋さんのもとを訪れた。

「彼に体のことを聞くと、『大丈夫ですよ』と言う。なぜ、こんな体で大丈夫と言えるのか。それは知識がないからです。あと3カ月放っておいたら、選手生命が終わっていたかもしれない。ソチを目指すスタートラインにさえ立っていなかった」

青嶋さんは当時の羽生の状態を、そう振り返る。

痛みがあっても気合でジャンプを跳んできた羽生をたしなめ、どんな施術をすれば、どう身体が動くのか、といったストレッチの重要性を説いて聞かせたという。効果はてきめんだった。

「たった一回、鍼を打っただけで、次の日の動きが全然違う。身体を緩めてもらったので滑りにすごいスピードが出る。可動範囲が広がってジャンプもすごい速さで回る」（羽生）

もっとしっかりケアをして、もっといい筋肉をつけていけば、自分はもっと強くなれるかもしれない——。そう感じた羽生は一つひとつの筋肉の名前を覚え、高度な解剖学の知識も身につけたという。

「体って正直ですね。ちゃんとケアしてないと、すぐばれちゃう。今は毎日の習慣になった」

体と向き合うことを覚え、必要な筋力トレーニングも取り入れた羽生。今シーズンに入る前に応じたメディア向けの公開練習では、「ケガをしない体づくりをして、確かに体幹が安定し、体力もついてプラスになりました」「今の体がベストと思っている」と手応えを語った。その効果は、今季の演技構成にも表れている。

フリーで跳べるジャンプは8回。そのうち、トリプルアクセル－3回転など、得点が高い連続ジャンプは3回までと決まっている。オーサーコーチは、すべての連続ジャンプを演技の後半に組み込んだ。スタミナが切れる後半に成功すれば、基礎点が1・1倍になるからだ。戦略的なシナリオの先に見据えるのは、王者チャンの存在。ジャンプの出来栄えでさらに加点を稼ぎ、表現力で勝るチャンを上回ろうという作戦だ。

2人は今シーズン、ともに自己ベストを更新。チャンの295・27点（世界歴代最高）に対し、羽生は293・25点。わずか2点余りにその差を詰めた。ソチでは、300点台の争いになる可能性もある。

「王者になる。そう口に出して、自分の言葉にガーッと追いつけばいい」

そう自分を鼓舞し、ここまできた羽生。解説者としてソチに行く佐野稔さんは言う。

「敵は己。自分の演技に集中できれば、金メダルは羽生。私の結論はそれしか出てこない」

［朝日新聞14年2月13日朝刊］
冬空に舞う／ソチ五輪

ゆづくんは有言実行です アイスリンク仙台 元支配人・新井さん

仙台市出身の羽生結弦選手(19)は、14日未明にショートプログラム、15日未明にフリーにのぞむ。フィギュア団体で強豪を抑えて1位となり、メダルの期待がいっそう高まる。そんな羽生選手が仙台市のリンクで成長していく様子を見守った男性が、遠く前橋市で活躍を見つめている。

憧れのロシアのプルシェンコ選手をまねたマッシュルームカットに、フェンスを跳び越えるかのような軽やかなジャンプ。「当時から、リンク内では飛び抜けた存在でした」

新井照生さん(50)は、7年前に初めて会ったころの羽生選手を、そう振り返る。

羽生選手が練習していた仙台市泉区の「アイスリンク仙台」で、一昨年まで支配人を務めていた。経営難で閉鎖したリンクが営業を再開した2007年、東京から転勤してきた。リンクで活動するスケートクラブの選手の一人が羽生選手だった。「ジャンプで何度転んでもめげない。強い子で、練習も人一倍でした」

リンクへの愛着も人一倍だった羽生選手。練習後は、自ら休憩スペースにモップをかけた。本来は、リンクの職員の仕事だ。市内の小学生が体験授業でリンクを訪れると、貸し靴のカウンターに立ち、にこやかに子どもたちに応対した。「ジュニアの当時からスター選手だったけど、氷の外では屈託のない素の彼に戻るんです」

羽生選手がそんな心のよりどころを奪われたのが、3年前の3月11日だ。壁に大きな亀裂が入り、

2014年2月14日　ソチ五輪FS

レンタル用のスケート靴は棚ごと倒れ散乱した。練習に来ていた羽生選手は、スケート靴の刃のカバーもつけずに外に飛び出し、近くの小学校に避難したという。

リンクが休止していた4月には余震で壁が崩れ落ち、製氷のための配管が壊れた。「電力不足に加えて、氷を張れない状態。再開は無理だ」。新井さんはあきらめかけた。

だが、リンクには、「地元のリンクを早く再開してほしい」など、練習場所を求めて転々とする羽生選手を心配したファンからの連絡が相次いだ。県や仙台市も応援してくれることになり、新井さんたちは再開を決断。修繕を進め、7月に再び営業を始めた。

12年春、羽生選手が練習拠点をカナダに移すのと同時期に、新井さんも仙台から転勤した。現在は前橋のリンクで支配人を務めている。羽生選手との交流はなくなったが、大会はテレビで欠かさず見るという。

新井さんは言う。「ゆづくんはいつでも有言実行です」。アイスリンク仙台では毎年七夕に、選手らが願いを書いた短冊を飾った。「世界ジュニアに出る」「4回転を試合でおりる」。羽生選手は、短冊に書いた願いをいずれも実現してきたからだ。

羽生選手は12月の全日本選手権のあと、「オリンピックでの金メダルは、子どものころからの夢だった」と明かした。今度も願いをかなえてくれる。新井さんは信じている。

菅原　普

［朝日新聞14年2月13日夕刊］

冬空に舞う／ソチ五輪

ユヅの舞、ともに磨く フィギュア・羽生結弦

ソチ五輪は日本時間14日未明、フィギュアスケート男子ショートプログラムが始まり、日本代表3人が登場する。その一人、羽生結弦(19)がスケート靴の手入れを頼む職人が、仙台市にいる。滑りの癖を頭にたたき込み、刃の削れ具合を見れば練習内容が想像できるといい、頂点を狙う羽生を足元から支えている。

砥石《といし》がうなりを上げながら回転する研磨機に、スケート靴の刃を慎重に当てる。刃が触れるたびにオレンジ色の火花が散った。

羽生が2年前まで練習していたアイスリンク仙台（仙台市泉区）から20メートル。スケート用品店「ＮＩＣＥ」店長の吉田年伸さん(41)は、多い日で50足ほどの靴の刃を研ぐ。

「これは羽生スペシャルです」。研磨機の一台を指して言った。特殊な砥石を使い、一般の選手なら気にならないような細かな部分も研げるように改造した専用の機械だ。

羽生は2年前、カナダに練習拠点を移したが、2週間に1度は靴を送ってくる。「あちらの手入れがしっくりこなかったようで、3カ月ほどして『やっぱり吉田さんにお願いしたい』と連絡が来たんです」

羽生の靴の研磨は閉店後に始める。集中したいからだ。滑る姿を映像で確認し、本人にメールで要望を聴く。「信頼関係があって、良い演技ができる靴になる。靴は単なる道具じゃない」

出会いは6年前。フィギュアのコーチを務める妻の阿部奈々美さん(41)に羽生が師事していたのがきっかけだ。吉田さんは会社勤めを辞め、店を始めたばかり。元アイスホッケー選手とは言え、刃の研磨は素人だった。米国のスケート専門誌を読み、妻の紹介で持ち込まれた靴を手入れすることで腕を磨いた。紹介された一人が羽生だった。

２０１１年3月、東日本大震災が襲う。店は天井や壁が崩れ、閉じざるを得なかった。アイスリンク仙台も施設が損壊して休業していたが、7月に再開すると、吉田さんはリンク脇に機械一式を持ち込んで「行商」を始めた。

羽生のジャンプの着地音や滑走音を聞き、その場で研磨。「刃のどこを使って跳ぶのか。ユヅ（羽生）の癖が刻み込まれました」。今自らの技術の向上も実感した。今では全国の選手から依頼が寄せられる。「ここまでできるようになったのはユヅのおかげです」

店を再開した11年12月、羽生は全日本選手権で3位に入り、初の世界選手権代表に選出。その後、ソチの代表を射止めた。

羽生とのメールは趣味の話題にまで及ぶ。吉田さんは「心のよりどころにはなっているかも。ユヅは純朴で普通の男の子。うまくなりたい一心でやってきたんです」。

1月下旬、ソチでの「勝負靴」の調整を終え、羽生へ送った。朗報は店で待つ。

菅原　普

［朝日新聞14年2月14日夕刊］

ソチ五輪／フィギュアスケート・男子SP

頂点へ、ぶれない羽生 「明日は明日」

フィニッシュで羽生が右手人さし指を突き上げた。全く隙のない演技を披露し、顔には満足げな笑みが浮かんだ。

会見では右隣に世界選手権3連覇中のパトリック・チャン（カナダ）、左には自分と同じコーチの指導を受ける昨季世界選手権3位、欧州選手権2連覇中のハビエル・フェルナンデス（スペイン）。羽生は「ハビとパトリックがいたから、この素晴らしい舞台にいられる」と感謝した。

その言葉にうそはない。

今季、羽生はグランプリ（GP）シリーズで、ファイナルを含めて3戦全てでチャンと対戦。

1戦目のスケートカナダは、王者を意識しすぎて自分のやるべきことに集中できなかった。2戦目

2014年2月14日　ソチ五輪FS

のフランス杯は、ある程度手応えを得た滑りをしたが、歴代最高点を出したチャンに力の差を見せつけられた。

さらなる高みを目指し、GPファイナルでSP、フリー、合計全てで自己最高点を更新。ようやくチャンに土をつけた。羽生は「パトリックと何度も対戦したことで、心をコントロールすることを覚えた」と受け止めている。

同じクラブで練習するフェルナンデスにはジャンプのヒントをもらった。羽生は、昨年夏には4回転サルコーを決めていたが、秋には確率が悪くなった。同じジャンプを得意とするフェルナンデスのサルコーは、そんなときに参考になった。「練習中から刺激を受けたし、不調の時は助けられた。一緒にこの場にいることが出来てうれしい」

ただ、喜びに浸るのは会見までだ。羽生は「今日は今日で終わったので。明日は明日、できることをしたい」。

2位のチャンとの差は3・93点。これは、ないものと思った方がいい。だから、「今季を通して2種類入れている4回転を、いつも通りやる」。4回転を1種類にする安全策は頭にない。14日、日本フィギュア男子初の五輪の金メダル

をかけてフリーに臨む。

後藤太輔

[朝日新聞14年2月15日朝刊]

ソチ五輪／フィギュアスケート・男子SP

羽生、ビート奏でた 演技構成点、全項目9点超え

羽生結弦の体から音が出ているかのようだった。

「パリの散歩道」のビートが、腕を振り、体をひねる羽生の動きとぴたりと一致した。後半の3回転－3回転ジャンプを決めて入っていく終盤のステップでは、さらに勢いが増す。表情も、ライブ中に顔をしかめるロックスターさながら。羽生の醸し出す雰囲気が、会場の観客全体を乗せていった。

スケーティング技術や芸術性を評価する演技構成点で、初めて全5項目で9点（10点満点）を超えた。

表現力の項目で9・50点を出したのを始め、振り付けで9・39点、音楽の解釈で9・36点を獲得し、合計46・61点。表現力に定評のある髙橋のそれを上回り、一つミスがあったチャンにもあと0・57点と迫った。

仙台で育った小、中学校時代の特別な練習が羽生の踊りの基礎にある。「プレゼンテーション」と呼ばれる週1回の勉強会。かかった曲に合わせて、感じるままに好きなように体を動かして踊る。それを、他の大勢の選手に見てもらう。

その中には、トリノ五輪金メダリストの荒川静香さんや、今大会の女子代表で表現力の評価が高い鈴木明子（邦和スポーツランド）もいた。羽生は特にジャズがお気に入りだったという。好きな曲が流れると、跳んではねてはしゃいだ。仙台に来たロシア人のコーチからは、「好きな人や物を思い浮かべてごらん」と感情表現も習った。

「とても緊張したが、とにかく、前向きいない気持ちを持とうとか、そういうものを大事にしようと、すごく意識した」と羽生。言葉通り、見るものを明るく楽しい気分にさせるプログラムを踊りきった。

後藤太輔

[朝日新聞14年2月15日朝刊]

ソチ五輪

羽生、金メダル 男子フィギュア初 町田5位、髙橋6位

第8日の14日、フィギュアスケート男子のフリーがあり、ショートプログラム（SP）首位で19歳の羽生結弦（ANA）が、フリーも1位の178・64点をマークして合計280・09点で初優勝。今大会の日本勢に初の金メダルをもたらした。

冬季五輪での日本の優勝者は2006年トリノ大会フィギュア女子の荒川静香以来、2大会ぶり。フィギュア男子では10年バンクーバー大会での髙橋大輔（関大大学院）の3位を上回り、史上最高の成績となった。

2位は合計275・62点のパトリック・チャン（カナダ）。SP11位の町田樹《たつき》（関大）は5位、SP4位の髙橋大輔が6位に入賞した。

19歳「本当にびっくり」

「ヘイ、ブライアン。オーマイガッ！」

モニターで最終滑走者の得点を確認して金メダルが決まった瞬間、羽生はブライアン・オーサーコーチと抱き合った。「幸せか？」と声をかける師に、羽生は「幸せじゃないよ」と冗談めかしたが、最後は「イエス」と勝利を受け止める。日本語で「ありがとうございました」と互いにぺこりとお辞儀し合った。

演技を終えた瞬間、SPで1位の羽生は「金メダルは誰だろう」と思ったという。緊張感で硬くなり、本来のものとはほど遠い演技だった。

最初の大技、4回転サルコージャンプで転倒。それは想定内で、その後のジャンプを決めて逃げ切るはずだった。らしくなかったのはその後、ジャンプのミスを続けてしまったことだった。得点は178・64点。自己ベストの193・41点を大きく下回った。

SP2位で、羽生とわずか3・93点差だったチャンが直後の滑走で4回転－3回転ジャンプをきれいに決める。誰もが「チャンが金か」と思った直後からドラマがあった。その後の四つのジャンプでミスを重ねる。結果、羽生が金メダルをつかんだ。

「本当にびっくりしているとしか言いようがないですね。はっきり言って自分の演技には満足していない」。そう言う羽生に、オーサーコーチが告げた。「これがフィギュアスケートだ。君が勝ったんだ」

後藤太輔

[朝日新聞14年2月15日夕刊]

ソチ五輪／フィギュアスケート・男子フリー

新王者・羽生、舞い切る力

「もう全然体が動かなかった。6分間練習でも本当に焦っていました」と羽生結弦。19歳の金メダリストは、苦笑いを浮かべながら自身の演技を振り返った。

ショートプログラム（SP）1位という重圧があった。「神経質

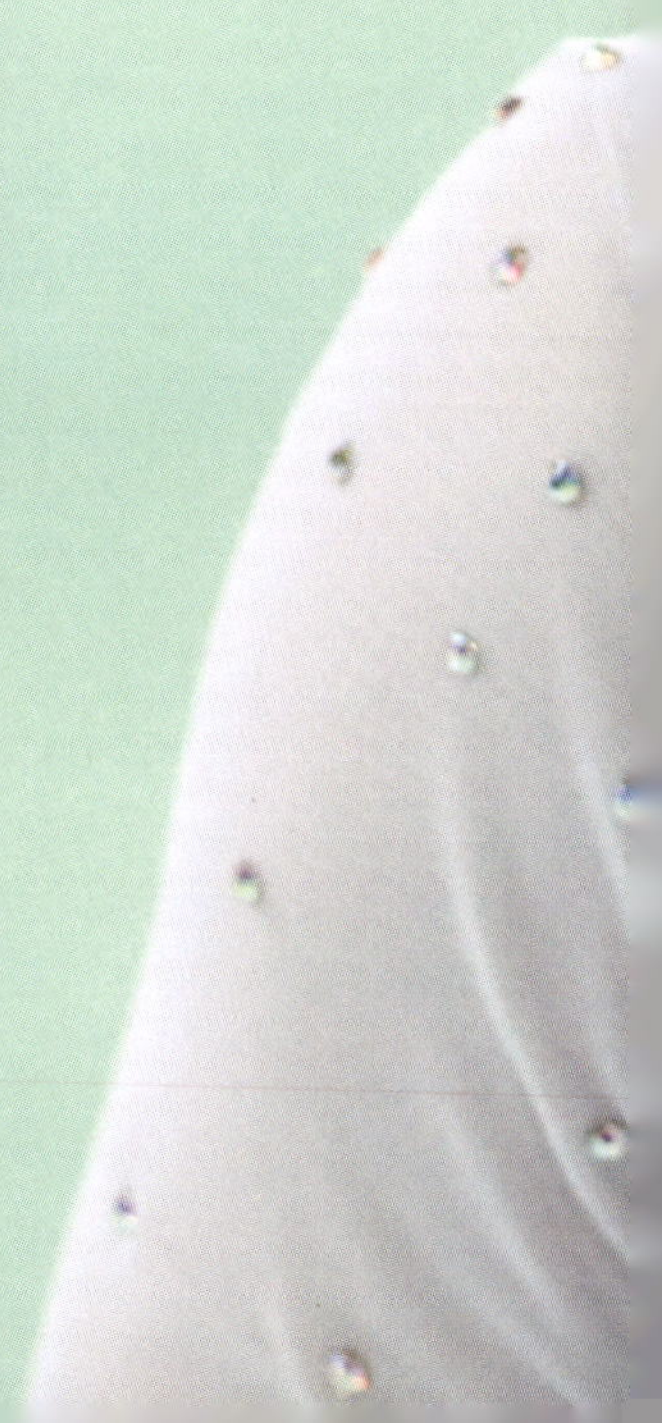

2014年2月14日　ソチ五輪FS

っていうか、ちょっと緊張していた」。それが前半のジャンプを乱す。4回転サルコーで転倒。三つ目のジャンプの3回転フリップでも両手をついた。ジャンプの着氷が乱れると、失ったスピードを取り戻すために、また加速しなくてはならない。一気に体力も奪われていった。

ふらふらになったが、なんとかまとめた。最後のジャンプとなった3回転ルッツは着氷が流れるきれいなものだった。グランプリ（GP）シリーズで乱れた最後のスピンも回りきった。

昨季までは「ジャンプに悪影響が出るから」と、筋肉を鍛えることを拒んでいた。しかし、ブライアン・オーサーコーチに「筋肉を太くするのではない。腰、ひざ、足首を強くするためだ。金妍児（韓国）もそれで（2010年バンクーバー五輪で）金メダルをとった」と熱心に説得され、今季から取り入れた。主にクラシックバレエと、腹筋や背筋のインナーマッスルを鍛える運動。結果的に体力がつき、滑りの安定感が増した。その地力が、この日の演技を支えた。

ただ、課題が残ったのは間違いない。勝った実感がなかなか湧かず、演技後には、「自分の中では確率の高いジャンプをミスしてしまった」と反省の弁が口をついた。

次は3月にさいたま市である世界選手権だ。「日本代表として世界選手権を頑張りたい。オリンピ

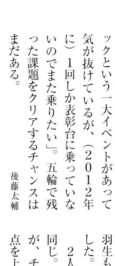

2014年2月14日　ソチ五輪FS

ックという一大イベントがあって気が抜けているが、（2012年に）1回しか表彰台に乗っていないのでまた乗りたい」。五輪で残った課題をクリアするチャンスはまだある。

後藤太輔

後半ジャンプで差

羽生がチャンとの事実上の「一騎打ち」を制した。

フリーで羽生は冒頭の4回転サルコーで転倒したが、その後の4回転トーループに成功。続く3回転フリップも転倒扱いとなったが、得点の比重が大きい演技後半の五つのジャンプ要素で得点を積み重ねた。羽生のジャンプ要素の合計点は69・83点。チャンは65・04点。4点以上の差をつけて引き離した。

演技構成点はチャンが92・70点と出場選手中最高を記録。だが、羽生も90・98点と高得点をマークした。

2人の得点の傾向はSPとほぼ同じ。羽生の高い技術点のリードが、チャンの武器である演技構成点を上回るパターンだった。

坂上武司

［朝日新聞デジタル14年2月15日］

ソチ五輪

緊張・悔しさ…でも「うれしい」 羽生結弦の一問一答

フィギュア男子で日本勢初の金メダルを獲得した羽生結弦（ANA）の、試合後のインタビューでのやりとりは以下の通り。

◆

「もう、緊張しました。すみません、本当に。やっぱりオリンピックってすごいなって思いました」

――でも金メダルです

「ありがとうございます」

――羽生選手にとっても日本男子にとっても、夢だった金メダルですね

「そうですね。やっぱり結果としてはすごいうれしいと思うのと、悔しいと思うところが結構あります。オリンピックで金メダルを取って言うのもなんですけど……。やっぱり、ちょっと悔しいかなと思います」

――SPをトップで終えてフリーまでの一日は、どんな気持ちだった？

「時間もあまりなくて、練習も朝早くからだったので、みなさんも結構体調も悪かったりしたと思うんですけれども、今回の試合で本当に緊張しました。眠れなかったです。その緊張の中で、どれだけ自分の演技をできるようになるか。本当に良い経験になったと思います」

――1位に立った時、パトリック・チャンの得点が出た時は、どんな気持ちでしたか

「とにかく驚きしかなかったですね。言葉が見つからなかったです。本当に、うれしいとか、そういう感情はなかったです。自分の演技については悔しかったので、うれしい感情はなかったんですけど、表彰台に上って、まだ花束だけど、もらってうれしかったです」

――金メダルを見たいですね

「そうですね、早く見たいです」

［朝日新聞14年2月16日朝刊］

ソチ五輪

羽生、金色の勇気 震災で折れた心 支えられて再起

第8日の14日、フィギュアスケート男子で羽生結弦(19)＝ANA＝が、日本勢に今大会初の金メダルをもたらした。冬季五輪の日本勢では、2006年トリノ大会フィギュアスケート女子の荒川静香以来で、通算10個目となった。町田樹（関大）は5位、髙橋大輔（関大大学院）は6位だった。

羽生結弦には、こだわりがあった。「4回転サルコーに挑む」。それは、このジャンプが東日本大震災後の希望だったからだ。成功の確率は低かったが、フリーの最初に組み込んだ。

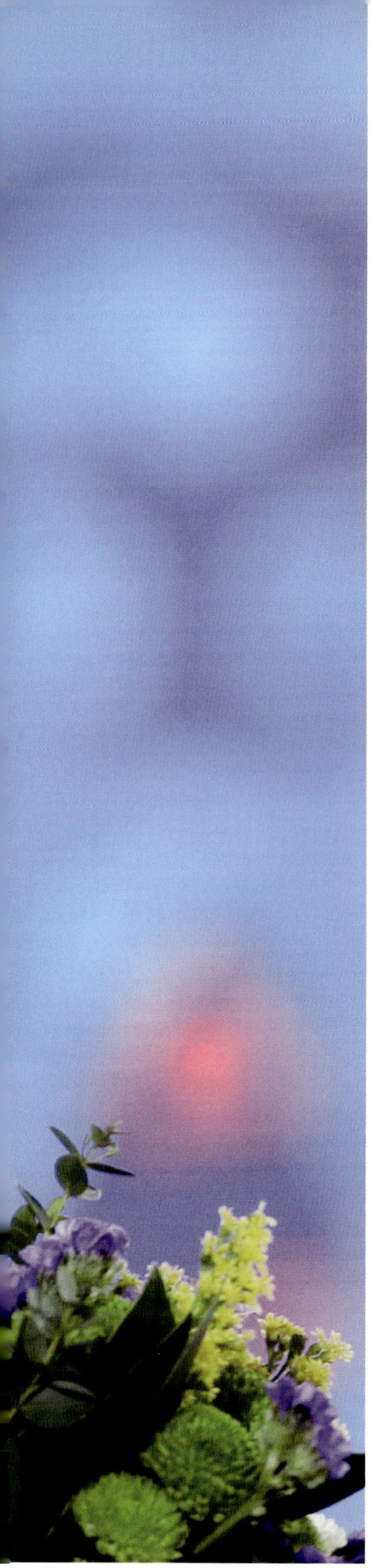

2011年3月11日。羽生は生まれ育った仙台市での練習中、突然の揺れに襲われた。避難所で家族4人雑魚寝し、暗闇で余震と寒さに震えた。「そろそろ練習しなきゃね」。10日ほど経って母にそっと背中を押された。かつてのコーチを頼って横浜市へ。仙台を離れる時、涙が流れた。

仙台を震度6強の余震が襲った4月7日。横浜のリンクで揺れを感じた羽生は、心が折れた。「先生、もう疲れたよ」「こんな状態の中で続けていいのかな」。弱音を漏らした。

その2日後、神戸市であったアイスショーに出演。万雷の拍手に包まれ、思った。「神戸も震災を経験し、復興した。仙台も復興できる」。勇気がわいた。

以来、各地でのショーに出演することで練習の代わりにした。

11年夏、青森県八戸市。「跳んでみせてくれよっ」。ジャンプコーチの田中総司さん(31)に促され、助走に入る。靴の刃で氷を削って跳び上がる「ザッ」という音、着氷の「トン」という音が、静寂の中、響いた。人生初の4回転サルコーを決めた瞬間だった。「先生！ サルコー、降りたよ」。羽生がこんな笑顔を見せたのは、震災後初めてだった。

約60回のショーで訪れた全国のリンクでは、誰も使用料を受け取らなかった。田中さんは「みんなに練習場を提供してもらい、感謝で、ショーでの集中力も、練習で滑る量も増えた」。昨年12月、拠点としていた仙台のリンクを訪れた羽生は、ボードに「サルコーの確率が上がってきました。頑張ります」と書き残した。

迎えたフリー。4回転サルコーを跳んだが、転倒した。「金メダルを取れてうれしいが、能力を発揮できなかった悔しさがある」。その伸びしろこそが、さらなる飛躍への希望だ。

「今まで、復興の役に立てるのかと無力感を感じていた。五輪の金メダリストになり、これからがスタート。何か出来ることがあると思う」

後藤太輔、吉永岳央

[朝日新聞14年2月16日朝刊]

ソチ五輪／フィギュアスケート・男子フリー

王子から王者
羽生、金メダル

羽生結弦はそれを「発明ノート」と呼ぶ。

毎日のように、練習で気になったことや思いついたことを殴り書きする。スピード、タイミング、感覚……。自分が試してみて良かったことと悪かったこと、疑問点などが記されている。

金メダルを決めたフリー。そうやって身につけたジャンプの中の一つに救われた。

後半に跳ぶ、トリプルアクセル(3回転半)からの連続ジャンプ二つ。やや体勢を崩したものもあったが、いずれも成功した。一つで16・29点、もう一つで11・07点を稼いだ。フリーは三つのミスをしてもなお、技術点は89・66点。24選手中最高だった。

「発明ノート」は就寝前、布団に入ってイメージトレーニングをしている最中にひらめき、起き上がって書くこともある。「眠い、と思いながら机に向かって、ガーッと書いて、パタッと寝る。見せられるほど奇麗な字では書いてないです」と羽生。翌日リンクに立った時、ひらめきを試し、その成果をまた書き込む。

羽生は同世代の選手よりも、3回転ジャンプを跳べるようになるのが遅かった。本人も「本当にジャンプは苦手でした」。大会で負けては号泣した。

悔しくて、上手な人のジャンプを研究した。助走の軌道は？ 跳び上がるベクトルは？ ばらばらにしたパーツを組み合わせては試した。中学や高校の成績はオール5。中でも数学や力学は好きな分野だ。「ジャンプを科学しているわけではないですが、理論的に感覚と常識的なことを合わせて、スピードの関係、タイミングをノートに書いた」

今、「トリプルアクセルは、しばらく休んでいてもすぐに跳べる」絶対的なジャンプになった。今大会は、正確無比なジャンプを三つ決めたショートプログラムも、フリーも1位。「あれだけジャンプを出来たことが大きかった。やはりそれが僕の今回の勝因かなって思っています」

後藤太輔

[朝日新聞14年2月16日朝刊]

冬空に舞う／ソチ五輪

銀盤に描いた感謝
金メダルの
男子フィギュア・羽生

日本男子フィギュア初の金メダルに輝いた羽生結弦(19)。東日本大震災で被災し、スケートをやめようとさえ考えたことがあった。優勝直後の会見で、「たくさんの人に支えられて、この場所に立てている」。羽生は今、感謝したい人たちがいる。

結弦の翼、守った師

震災で練習場所を失い、スケー

2014年2月15日　ソチ五輪表彰式

トから離れそうになった高校1年の羽生を救ったのが、都築章一郎コーチ(76)だ。母・由美さんの「練習させてほしい」との願いを快諾。「羽生というスケーターを、このまま終わらせてはいけない」との思いがあった。

羽生は中学3年までの8年間、仙台市で当時指導していた都築さんの下で技術を磨いた。初めて会ったのは7歳の時。体のバランス、センス、感性。第一印象で可能性を感じさせた。教えるほどに「指導したことを的確に習得する能力、短い練習時間の中で仕上げていく能力、技術の正確さがあった」。だから「お前、世界に羽ばたくんだから」と言い聞かせた。

震災後、羽生は都築さんが拠点を移した横浜市のリンクへ。だが、スケートを続けるかどうか、そんな心の揺れを吐露する。都築さんは「胸が詰まるほどの悲しい情景を見たんだから、そう思ってもおかしくないね」と、全てを受け入れた。再び始まった師弟の日々。羽生は「先生とまた会って、スケートを一からちょっとずつ作り直した。先生がいなければ、今は何もやってなかった」。

羽生の金を都築さんは自宅のテレビで見つめた。「コーチを50年以上やってきて、五輪メダリストを育てるのは夢だった。それがかなった。結弦、ありがとう」。ただ、フリーでジャンプを2度失敗したことに、かつての師として一言付

2014年2月22日　ソチ五輪エキシビション

け加えた。「課題は残った。まだ練習が必要だな」

吉永岳央

重圧分かち合った友

「友達があまりいない」。羽生はそう言ってはばからない。4歳で始めたスケートに没頭するあまり、友達がなかなかできなかった。さらに4年前、中学3年で世界ジュニア選手権を制し、一気に注目された。外に出ればサイン攻め。「有名になって人が集まってくるのが嫌だった」と漏らしたこともあった。

それでも「親友」と呼ぶ人がいる。シンガー・ソングライターの指田郁也《さしだふみや》さん(27)。2年ほど前に出会った。指田さんが歌う「花になれ」を羽生が昨季のエキシビション曲に選んだのが縁だ。2人とも人見知りで心配性。羽生が大のソーシャルゲーム好きなら、指田さんは鉄道マニア。「おたく」を自認する2人が話し出すと止まらない。すぐに仲良くなった。

今は練習拠点をカナダに置く羽生とのやり取りは専らメール。時に6〜7時間に及ぶ。たわいないやりとりの中で、羽生は時々「うまくいかなかった」と弱音を吐くことがあった。指田さんは、羽生が周りからの期待に重圧を受けていると感じ、同じ表現者として励ました。「素晴らしいものを持っているのだから、いつも通り、伝えたい人を思いながらやれば、いい作品につながる」。ソチで羽生が余韻に思いを込め、「歌うようにスケートを滑った」と見えた。

指田さんは羽生がソチで二つのものを残したと考える。金メダルと、挑戦することの大事さ。「19歳の若さで日の丸を背負って戦うことは大きなプレッシャーだったはず。それでも自分自身や応援してくれる人を信じ、僕らに大きな感動を届けてくれた」と話した。

吉永岳央、広部憲太郎

「悔しがる姿、ユヅらしい」幼い頃の練習相手

羽生の基礎は、出身地の仙台で培われた。16年前の長野五輪でフィギュア・ペア代表だった荒井万里絵さん(32)は、幼い頃の練習を手助けした。羽生は「金メダルを取って言うのも何だけれど、やっぱり悔しい」と話したが「ユヅらしい」と感じた。幼い頃から頑張る気持ちは人一倍。昨年8月、仙台七夕を前に短冊が届いた。「ショート、フリー、両方ともノーミス。オリンピック出場。けがなく全力で演技する」と書かれていた。「だから悔しいんでしょうね。また少しずつ成長してくれるはずです」

プルシェンコ「僕のアイドル！」

今大会中に引退を表明したフィギュアスケート男子のエフゲニー・プルシェンコ(31)＝ロシア＝が羽生にツイッター上で賛辞を贈った。

男子の順位が確定したその直後に「羽生結弦、パトリック・チャン、デニス・テンのメダル獲得を祝いたい」とツイート。さらにその後、羽生について「僕のアイドル！　よくやった！　天才だ」と発信した。

プルシェンコはメダル候補だったが、ショートプログラムの演技直前に腰痛のため棄権した。それでもライバルを称賛する言葉をかけたことに、ファンからは「あなたも金メダルに値する」などの返信があった。

[朝日新聞14年3月29日朝刊]

フィギュア・世界選手権

羽生初V、意地と気合 ふたつの4回転決めた

ソチ五輪金メダリストは強かった。さいたま市のさいたまスーパーアリーナで行われた第3日の男子フリーで、羽生結弦（ANA）が191・35点を獲得して1位になり、合計282・59点で、ショートプログラム（SP）3位から逆転して初の世界選手権覇者となった。

SP首位だった町田樹（関大）は合計282・26点で2位に入った。ハビエル・フェルナンデス（スペイン）が3位に入り、小塚崇彦（トヨタ自動車）は6位だった。

演技直後、氷にうずくまった。

優勝したグランプリファイナル、ソチ五輪で決められなかった4回転サルコー。冒頭、恐れずスピードに乗って舞い上がった。バランスを崩しながらも、右足だけで耐えて成功。続いて4回転トーループを決め、他のジャンプでは細かいミスもあったが、ほぼ完璧な出来だった。逆転優勝に「意地です。意地と気合です」と笑みを見せた。

ソチ五輪ではSPで首位となり、逃げる立場のフリーでミス。優勝したが内容には悔いが残った。

今回は、約7点差で首位を追う展開。「ソチでは追いかけられる立場で気持ちをコントロールできなかった。僕は追いかけるほうが得意なので、今回はいい気持ちでした」。持ち前の負けん気に背中を押された。

13歳の時、「将来の目標は五輪に出て優勝すること。ソチです。ソチ五輪で優勝したらプロに転向して

2014年2月22日　ソチ五輪エキシビション

お金を稼ぎ、両親に恩返ししたい。フィギュアはお金がかかるスポーツだから」と話していた。1カ月前に、そのうちの一つを達成。ただ、まだプロに転向はしない。18年平昌五輪に向け、追い求めるものがある。

「色んな4回転に挑戦したい。『史上初』になりたいという野望も抱いています」。今季の世界タイトルを独占しても、高みを見続けている。

後藤太輔

羽生結弦に聞く
4回転×3回「可能性ゼロではない」

［朝日新聞デジタル14年4月11日］

ソチ冬季五輪フィギュアスケート男子で金メダルを獲得した羽生結弦（ANA）が10日、東京都内で朝日新聞のインタビューに応じ、3種類目の4回転ジャンプに成功したことや、来季、4回転ジャンプの回数を増やす可能性があることなどを語った。

災害被災地への全国的な支援を呼び込むために、寄付などの支援活動を積極的に続ける意欲も口にした。

—4回転ループジャンプに成功したか。

7日のアイスショーの練習で成功した。ただ、試合で入れるかどうかはわからない。ショーは他の選手がたくさんいて刺激されるし、集中できる。

—普段の練習と比べるとショーの練習時間は。

40分しかない。密度の濃い練習になる。

—ショーでは注目される。

恩返しをしたい。恩返しになるかどうかわからないが、結果を報告したいと思っている。東日本大震災（で拠点となるリンクで滑れなくなった）後、たくさんのリンクで滑らせてもらった。各地で、リンク営業のスタッフの方などに対し、ここまで頑張れたよという報告をしたい。

—仙台ではパレードがある。

不思議な気持ち。自分も仙台市民の一人として荒川静香さんが金メダルを取ったときのパレードを見た。その中心人物にまさか自分がなるとは。実感が湧かない。でもうれしいことだし、僕が頑張ることで少しでも多くの人にフィギュアスケートに興味を持ってもらい、たくさんのスケーターが生まれれば、将来も素晴らしいスケーターが育つ。そのきっかけになりたい。

—フリーで4回転ジャンプ3回に挑戦するか。

コーチのブライアン・オーサー

2014年2月25日　ソチ五輪から帰国（千葉県成田市）

と相談して決めたい。可能性はゼロではないが、プログラムの流れが悪くならないかなど、色々考えたい。4回転だけでなく、毎年強くならないと意味が無い。（物語を演じ、感動させる動きを）見せる技術も必要。ポーズや表情を一から勉強し直したい。

精神力も強くしたい。なぜなら、今まで以上の演技をしようと思ったら、今まで以上の精神力を備えなければいけないから。もっと強くなりたい。

――4回転サルコーが、得意な4回転トーループほどの完成度に近づいたら。

（フリーで3回）いけます。体力的に厳しい終盤の出来を度外視したら、演技後半にも4回転を跳べると思うが、プログラム全体も向上させたいし、むちゃをすると体を壊す。そこも考えながら判断したい。

――不調を来すことがある足首やひざ、ぜんそくとはどう付き合っていくのか。

大丈夫だと思っている。4回転の本数を増やすのなら、練習で跳ばなきゃいけない回数も増える。2種類やると練習量も2倍。けがをしたら全力を出し切れないし選手生命が終わってしまうかもしれない。体に配慮しながらやっていきたい。

――来季はボーカル入りの曲を使うことができる。

深く考えてはいないし、アイデアもない。僕が決めることではないし、振付師の意見を聞きながら吟味して決めたい。

――スケーターとして強くこだわっている点は。

どんなときも全力でありたい。それが自分のモットー。特設リンクは、費用がかかるし1日でできるわけではない。スタッフの方は、作ったリンクでいい演技が生まれるとうれしいはず。そうすると、さらにいいリンクを作ってくれ、僕たちはさらにいい演技ができる好循環になる。スケーターとしても人間としても全力を出し切り、みなさんに誇ってもらえるスケートをしていきたい。

――金メダルの報奨金（600万円）や著書の印税をリンクや復興支援のために寄付しようとしている。

それだけの金額で東日本大震災の傷痕をどうこうできるわけではない。ただ、ちっぽけだが、それを知ってもらい、「寄付したい、ボランティアをしたい」という方が増えてくれれば。

――自らが寄付して呼びかけたら影響力がある。

レスリングが五輪種目から外されそうになった際、金メダリストたちが活動をしていたので、僕も興味を持った。競技者は勝てば注目が集まる。だから、勝つしかない。金メダルを獲得し、重いものを背負っている。人気があるフィギュアスケートの選手なので、その力を活用したい。

――将来的には寄付以外の活動も？

将来的には。ただ、現役選手は練習時間確保のために直接的な活動はできないということを理解して欲しい。現役引退後は直接的な支援活動もしたい。

――自分がメディアを通じて訴えることで支援活動が広がる。

東日本大震災はものすごく大きな被害だったから、1年、2年で忘れることはないが、（昨年10月、台風26号による土石流が発生し、36人が死亡、3人が行方不明となった）伊豆大島は短期間で関心と共に支援の動きが少なくなった気がする。そんなところに、関心を呼べるような活動ができたらいい。

――金メダルを取って自覚が大き

2014年4月24日　日本外国特派員協会で記者会見（東京都千代田区）

2014年2月25日　ANAに金メダルを報告（東京都港区）

2014年4月26日　「金メダルおめでとう」パレード（仙台市）

くなったか。

金メダル獲得直後も言ったが、たぶん僕は（復興に効果的なことを）何もできない。被災地に行っても、あいさつして声をかけることしかできない。だったら、フィギュアスケートは人気があるんだし、それを利用して少しでも被災地の現状を知ってもらいたい。競技があるので直接足を運んで行う活動には制限もある。歯がゆい思いがある　競技生活が終わったらそういう場所に足を運びたい。

——一時期は、震災について話をする難しさを感じていた。

金メダルを取っても、何もできないと感じ、話をしてもいいのだろうかという思いにさいなまれた。今は、僕が話をすることで多くのみなさんに被災地のことを知ってもらえると感じている。

構成・後藤太輔

［朝日新聞デジタル14年7月18日］

羽生結弦選手「メダル、本当にもう拭けないです」

ソチ冬季五輪のフィギュアスケート男子で金メダルを獲得した羽生結弦選手が16日、皇居・宮殿で開かれた茶会の後、報道陣の取材に応じた。主なやりとりは以下の通り。

◆

——皇后さまと長く話していたが、どんな話を。

震災から大変だったんじゃないかというお声がけもいただきました。オリンピックのメダルをとって、これから大変でしょうけど、ということはお話しいただきました。

——天皇陛下にメダルを渡していたと思うが、どんな話を。

震災のこともお話しできました。先日、（宮城県の）石巻のほうだとか、津波があった地方に行かせていただいて、復興の進み具合だとか、港の状況を少し説明させていただきました。

——メダルについて陛下は。

「重たいですね」という言葉をいただきました。

——皇太子さまとはどのようなお話を。

愛子さまから「得意なジャンプはなんですか」という質問がありまして、僕はアクセルジャンプが好きなので、「アクセルジャンプが好きです、得意です、とお伝え下さい」と話しました。

——愛子さまからの宿題だったということか。

「羽生選手に会ったら質問して、と言われていました」と。

——先日は園遊会、今日は宮中茶会だったが印象を。

本当に緊張しましたけれども、両陛下の温かいお言葉をいただけて、本当に自分自身これからまた頑張っていけるなと思いました。ちょうど今、アイスショーが立て込んでいて、精神的にも肉体的にもつらい部分があったのですが、素晴らしい茶会にお招きいただけて、本当に光栄だなと思います。

——新シーズンに向けて新たに取り組んでいることは。

ショートプログラムの後半に4回転を組み込む練習をしています。フリーの方ではまだしっかりと決まったわけではないですけれども、フリーに後半、また4回転を入れるような構成にできるように、ショートの方から頑張っています。

——園遊会で（両陛下に）メダルを見せることができなかったが、今回見せることができた感想は。

本当にもう拭けないです。本当に首からさげて、この茶会に参加できたのがうれしかったなというのと、日本人としてソチオリンピックの金メダルというのは一つだけでしたので、その特別さもまた感じました。

——4年後に向けて。

震災のあった地域に行って、皆さんの笑顔を見ることができたので、4年後に向けてそういった力もお借りしながら、また頑張っていきたいと思います。

2014年4月17日　園遊会（東京都港区）

転んでも転んでも前へ

あの流血から始まった苦難のシーズン

オリンピックチャンピオンとして迎えた新しいシーズン。ジャンプを進化させ、自らの限界をもっともっと引き上げるはずだった。衝突事故、手術、そして捻挫。スケートの神様は王者に試練を与えた。

［アエラ14年11月10日号（11月3日発売）］

表紙の人

フィギュアスケート選手・羽生結弦

「去年と同じ自分ではいたくない。今年の自分で勝ちにいきます」

昨季はソチ五輪で金メダルを獲得。世界選手権、グランプリファイナルでも優勝した。

その輝かしい功績も、羽生にとっては「過去の栄光」。そう言い切れるのが彼の強さだ。

自らを何かに例えるなら、「漫画やアニメに出てくる熱血系のアスリート」。

カナダのトロントに練習拠点を置くのも、競技に専念するためだ。

「ナイアガラの滝が近いけど行ってない。ダウンタウンも。他のことに体力を使うよりこういう生活のほうがいいんです」

だが、ソチ五輪で日本男子フィギュアに初の金メダルをもたらした19歳を世間が放っておくわけがない。取材やイベントでたびたび帰国。表紙撮影の日も、朝から分刻みのスケジュールをこなした。

「正直、戸惑いはあります」

と言いつつ、カメラを向けられると、

「もう少し顔を上げますか？」

妥協しないのは、スケートと同じ。

「僕にしかできないことがある」

と、自身が置かれた立場も理解している。それは、フィギュアス

2014年11月8日　グランプリシリーズ・中国杯FS6分間練習（中国・上海）

ケートの魅力を伝えることだけにとどまらない。

「日本のどこに力が必要なのか。今なら自分の力や意思で、できることがある」

そう言って、東日本大震災の復興支援はもちろん、8月に起きた広島の土砂災害にも思いをはせた。

昨季はまさに、羽生結弦のシーズン。五輪、世界選手権、グランプリファイナルの3冠を達成した。それでも、満足感に浸ることはない。

「ここでやめるんだったら、威張ってもいいと思うんです。でも、僕は現役。変わっていくことをやめずにいたい」

今季、フリーでは3度の4回転ジャンプを組み込んだ。昨季より一つ増やして、失敗のリスク、体力の限界に挑むプログラムで勝負する。

練習中に腰を痛め、今季初戦と位置づけていた10月のフィンランディアトロフィーへの出場を見送った。回復具合は気になるところだが、自ら上げたハードルをどう乗り越えていくのか。

11月7日、グランプリシリーズ中国大会で、進化した〝羽生結弦〟がベールを脱ぐ。

朝日新聞スポーツ部　金島淑華

[朝日新聞14年11月9日朝刊]

流血の羽生、意地の舞 フィギュア中国杯、練習で衝突

中国・上海で8日にあったフィギュアスケートのグランプリシリーズ中国杯で、ソチ五輪金メダリストが意地を見せた。羽生結弦(19)が2位。直前練習で中国選手と衝突して負傷し、演技では何度も転倒したが、踏ん張った。

男子フリーの後半グループが始まる前の6分間練習中、アクシデントは起きた。羽生が閻涵《イエンハン》(中国)と激突。会場が悲鳴に包まれた。2人とも倒れ込んで身動きが取れない。氷上には血が流れた。

数分後、羽生は頭に包帯を巻き、あごに、ばんそうこうを貼った痛々しい姿でリンクに戻ってきた。練習を再開したが、足元はおぼつかない。ジャンプを跳んでは手をつき、起き上がってはふらついた。

それでも、リンクに上がった。2種類の4回転ジャンプはいずれも転倒したが、ミュージカル曲の「オペラ座の怪人」に乗せ、滑りきった。採点後、両手で顔を覆って泣いた。そのまま、担架で運ばれた。閻涵も負傷したが出場した。

記者会見したブライアン・オーサーコーチらによると、羽生は演技後、あごを7針、右側頭部を3針縫った。9日に日本に帰国し、精密検査を受けるという。負傷しながらの出場が正しい判断だったかと問われたオーサーコーチは「今はヒーローになる時ではない、と言い聞かせたが、結弦の決意は固かった。彼の目を見て大丈夫だと思ったし、普通に話せていたので彼の判断を尊重した」と話した。

上海＝金島淑華

[アエラ14年11月24日号（11月17日発売）]

羽生結弦の意思と配慮 オーサーコーチが語った「強行出場」の舞台裏

頭を負傷しながら、4回転にトライした羽生結弦(19)。

美談の一方で、無謀な行為だったと騒がれている。

現場では何が起きていたのか。

羽生結弦のグランプリシリーズ中国杯への意気込みは、相当なものだった。オリンピックチャンピオンとして迎える新しいシーズン。平昌《ピョンチャン》五輪に向けた新たな4年間の幕開けを飾る、最初の試合だ。

「チャンピオンらしい結果と演技をしっかりと印象づけ、更に進化したい」

と、事実上の優勝宣言をして臨んだ。

そこに、あの事故が起きた。

前日に行われたショートプログラムでは、「演技後半に4回転ジャンプを跳ぶ」という男子でも最難度の挑戦をしたが、ミスをして2位発進。逆転優勝がかかるフリーの6分間練習では、闘志をたぎらせて普段以上に集中していた。

言葉を失っていた

衝突の相手は中国のエース閻涵。地元の大会で、14億の民が彼の「表彰台」を期待していた。

2014年11月8日グランプリシリーズ・中国杯FS

その2人が、互いに背を向けてジャンプの助走に入る。対角線上に軌道が重なる。そして、振り向きざまに衝突。互いの腹部、閻の膝と羽生の左腿、閻の上半身と羽生の右頭部などが同時にぶつかり合い、転倒した羽生はあごを氷に打ちつけた。衝撃で息ができず、氷上に倒れたまま動かない。メディカルスタッフに起こされ、足元をグラつかせながらリンクサイドへと姿を消した——。

羽生の処置は、米国チームが帯同してきた医師と中国の大会付きの医師により、椅子に座った状態で行われた。医師は、頭とあごの挫傷を止血し、頭をテープでグルグル巻きに。

羽生のコーチ、ブライアン・オーサーは言う。

「最初のうちは、結弦は混乱して言葉を失っていた。だが、だんだん意識がはっきりしてきて、質問にも英語で応対できる状態になった。そして『出場したい』という意思を伝えてきた」

この日の試合を棄権すると、羽生は12月にスペインで行われるグランプリファイナルへの出場権を自動的に失う。前回王者の羽生としては、3位以内に入り、ファイナル進出の可能性を残したいという事情があった。しかし、頭の出血は脳振盪を疑わせた。その場合、コーチとしては棄権させなければならない。

オーサーは言う。

「とにかく健康状態が心配だった。『ここでヒーローになる必要はない』と説得したが、結弦の出場への意思は固かった。もし話し方が普通でない状態だったとしたらもちろん止めたのだが、米国と中国、複数のドクターの診断は『本人が出たいなら許可』。だから私は出場を認めたが、その判断は難しかった」

筋肉硬直で5度転倒

衝突からわずか10分後には6分間練習が再開され、羽生も再び氷上へ。その後は自ら閻のところに出向いて、「これはどちらが悪いというものではない。お互い試合に集中しよう」と声を掛け、気遣った。

そして衝突から50分ほどで、グループの5番滑走として、フリーの演技に臨んだ。強打した直後のため全身の筋肉が硬直し、緻密な力のコントロールが必要なジャンプを普段のように正確に跳ぶことは到底できない。5度転倒するなど、本来の実力からはかけ離れた内容だった。

得点を見たあとは担架で医務室に運ばれ、米国の医師が傷口を縫合した。

右こめかみはホチキスで3針、あごは7針の擦過傷。その日はホテルに戻り、精密検査は翌日、日本に帰国後に行うことになった。日本スケート連盟の判断だ。

「精密検査は日本語が通じるほうがいいし、脳検査をしていない状態で飛行機に長時間乗せることは心配なので、（練習拠点の）トロントではなく日本へ一時帰国させることにしました」（小林芳子フィギュア強化部長）

精密検査では、「頭部、あごの挫創、腹部、左足の挫傷と、右足関節の捻挫。全治2～3週間」と判明。脳に異常はなかった。現場の判断は「無謀」とまでは言えなかったということになるが、一方で、今後も選手たちは、頭にけがをしても十分な検査を受けないまま、演技を続行する危険性と向き合わなければならない。

どうしたら、その「危険性」を回避できるのか？

6分間練習中の事故は、これまでもしばしば起きている。2010年のグランプリファイナルでは髙橋大輔と小塚崇彦が、08年の全日本選手権では安藤美姫と村主章枝が衝突。古くは伊藤みどりも、1991年の世界選手権で衝突事故にあっている。

もっと柔軟な対応を

氷上に立つ選手を「1人」にしない限り、どんなに気をつけていても軌道が偶然重なることはあり得る。トップ選手ならスピードも出るので、直前に気づいたとしても避けられない。6分間練習の人数を6人から5人にすれば、衝突の確率は下がるかもしれないがゼロにはならない。

1人で滑っていても転倒して頭を打つ可能性はあるのだから、必要なのは、選手がけがをした場合の対処ではないか。

実際、日本サッカー協会はJリーグの選手が脳振盪を起こした場合の指針を、「ピッチ上での対応」「24時間以内の対応」「復帰へのプログラム」の3項目に分けて詳細に定めているが、国際スケート連盟には明確な規定はない。演技前のけがについては、「レフェリーが滑走呼び出しまで最長3分を与

えることができる」と定められているが、「3分」という時間は、脳振盪のような危険なけがを想定した休憩にはなり得ない。

けがをした選手を棄権させる権限はレフェリーに与えられているが、けがの程度は明記されていない。選手が演技したいと言えば、通ってしまう。

自らも衝突を経験した伊藤みどりさんは、こう指摘する。

「現場に日本の医師がいなければ、日本語での治療が受けられません。予算の問題などもあるでしょうけれど、海外の試合への医師の帯同を検討してほしい。選手は無理にでも出場する傾向がありますから、脳振盪が疑われるようなケースでは、強制的に棄権させるような基準も必要でしょう」

演技再開までの時間も短い。けがをした選手は最終滑走に回すなど、柔軟な対応も望まれている。

ライター　野口美恵

［朝日新聞14年12月28日朝刊］

フィギュアスケート・全日本選手権

羽生V3、王者の底力

第2日は、長野市のビッグハットであり、男子は羽生結弦（ANA）が3連覇を飾り、来年3月の世界選手権（中国・上海）の代表入りも決めた。男子の3連覇は2005～07年の髙橋大輔以来。ショートプログラム（SP）首位の羽生はこの日のフリーでも1位となった。

　SP3位で17歳の宇野昌磨（愛知・中京大中京高）が総合2位に入った。小塚崇彦（トヨタ自動車）がSP6位から巻き返して総合3位。SP2位の町田樹（関大）は総合4位に終わった。SP5位の無良崇人（HIROTA）は総合5位。

課題のルッツ決めた

　スピンを回りきり、両手を広げる。ミュージカル「オペラ座の怪人」の調べに乗って約4分半の演技を終えた羽生に、笑みはなかった。「体調が悪い中、最後までやりきった」

　冒頭の4回転サルコーで転倒。スピンも、氷に足を取られてよろけた。疲れが抜けない中、スピードある滑りは影を潜めた。だが、ここから王者の意地を見せ、課題の後半のルッツを着氷し、立て直した。

　ルッツはGPファイナルで失敗。全日本のSPでも軸がずれてバランスを崩し「（理由は）僕も知りたい」と苦笑した。

　だがフリーに向け、映像を何度も見たオーサーコーチから「左肩の開きが早い」と助言を受けて修正。出来栄え（GOE）で加点をもらった。

　激動の1年。「長かった」と振り返る。2月のソチ五輪、3月の世界選手権で頂点に立った。11月の中国杯での衝突事故で恐怖を味わったが、12月のGPファイナルで2連覇した。そして全日本の3連覇で、2014年を締めくくった。

　課題は残った。

　でも羽生はさらりと言う。「壁の先には、壁しかない。人間は欲深いから、それを越えようとする」。次の目標は、フリー後半の4回転を解禁し、来年3月の世界選手権で連覇を果たすことだ。

前田大輔

2015年3月30日　世界選手権から帰国（東京都大田区）

［アエラ15年1月19日号（1月12日発売）］

「逆境は嫌いじゃない」羽生結弦はきっともっと進化する

　今シーズンの羽生結弦は、あまりにもドラマチック。再び体調不良に見舞われて休養中だが、3月には大舞台が待っている。しかも、あの時と同じリンクだ。

　ごく一部の関係者には、フリー棄権の可能性さえ伝えられていた。2014年12月、長野で開かれた全日本フィギュアスケート選手権。闘志むき出しの言葉や表情は消え、慎重にジャンプを跳ぼうとする羽生結弦の姿があった。

　スピードは抑え気味。演技中に何度も深呼吸する。ジャンプのミスは1本だけという良質な出来だったが、演技を終えても羽生に笑顔はなかった。観客への礼儀を重んじる彼が、4方向に軽く会釈しただけで、手を振ることもなくリンクサイドへ戻ってしまった。

　単なる疲れではなく、激痛を抱えて戦い抜いたことがわかったのは、羽生が手術を受けた後のことだ。

　得点は、286・86点。2位に35点以上もの差をつける圧勝だったが、この点数を目にしても弱々しく笑うのみ。直後のインタビューで開口一番、体調不良を告白した。

「体調が悪いなか、なんとかミスを最小限にとどめられました。グランプリファイナルのあと疲れが取れていないし、今日は6分間練習だけでも疲れが出て、調子が上がりませんでした」

　体調に関する質問をされたわけではないのに、弱気が決壊したかのような話しぶり。翌28日には入院し、30日には尿膜管遺残症による手術を受けた。その日、日本スケート連盟が、病名と「2週間の入院と1カ月の安静が必要」だと発表した。

　羽生は今回、腹痛を隠して試合に臨むことそのものを「乗り越えるべき壁」と位置づけていた。そ

2014年11月9日　グランプリシリーズ・中国杯から帰国（千葉県成田市）

の発端は、メンタルコントロールに苦しんだ14年11月のNHK杯にさかのぼる。中国杯の事故後「けがをしているのに無理に滑るべきではなかった」という周囲の意見に、大きく影響された。10日間の休養後に練習を再開した時のコメントは、

「自分が出たいから出るとは言えず、初めて自分から『（出場は）無理』と言いました」

乗り越えたら　また壁が見えた

　結局、出場はしたものの、ジャンプミスを連発して4位。

「ミスはけがの影響ではなく、僕の実力。いろんな弱さが自分の中で見えました。今回はこのコンディションに合わせた精神状態が足らなかったと思い知らされました。こうやって乗り越える壁ができてこんなに楽しいことはないです」

　ここで「壁」を意識したのだ。彼がいう「壁」とは、自分のなかにある「弱さ」だ。「練習してない」「自分を信じ切れない」「曲かけの練習が足りない」と、言い訳がどんどん出てくる状態。自分の弱さを抑え込もうとしてもそれができないくらい、「脆かった」と。そして、決意した。

「逆境は嫌いじゃない。乗り越えた先に見える景色は絶対に良いものだと思っている」

　その後、コーチのブライアン・オーサーが立てた練習計画に沿って、体力の限界までハードな練習を繰り返し、グランプリファイナルでショート、フリーともに4回転を成功させて、劇的な優勝を飾ったことは記憶に新しい。だが、実はファイナルの期間中から、断続的な腹痛に襲われるようになっていたのだ。

　新たな逆境を受け止めた羽生は、今度こそ強気に繋げようと考える。それは、全日本選手権の演技が終わるまでは腹痛を言い訳にせずに駆け抜ける、ということだった。

　実際、体調はかなり悪かったのだが、メディアの前では必死に隠し通した。普段より勢いは抑えたものの、4回転サルコウ以外のジャンプはまとめて優勝。自らが設定した課題はクリアした。しかし、羽生は言う。

「壁を乗り越えたら、また壁が見えました。壁の先には、壁しかないんです。僕がというより、人間とはそういうものなのでしょう。課題が克服できたら、人間は欲深い生き物だからそれを超えようとする。僕の場合は人一倍欲張りだから、必死で超えようとするんです」

　NHK杯は練習不足という言い訳をして自分に負け、全日本選手権は腹痛を隠して自分に打ち勝った。本人が、

「とにかく滑り終えてホッとしています。2014年は本当にオリンピックから始まり、精神的にも肉体的にもいろいろなことを経験しましたが最後まで滑り切れました」

　と言うように、羽生の14年は、ドラマチックすぎた。もはや、勝つだけが目的ではない。

「五輪での金メダルは自分にとっての幸せで結果として皆さんのためになれたのですが、今は僕が自分の好きなことを一生懸命やっていることの喜び、それをサポートしてくれる人、応援してくれる人がいることが（僕の）幸せになっている。自分は本当に幸せ者だなと思います」

　出場はあくまで未定だが、世界選手権は3月23日開幕。決戦の地は、中国・上海の「あの」リンクだ。

ライター　野口美恵

［アエラ15年4月13日号（4月6日発売）］

羽生が負けて　手にしたもの
世界選手権男子で　フェルナンデスと羽生が　ワンツー・フィニッシュ

　中国・上海で行われた世界フィギュアスケート選手権。ブライアン・オーサーの門下生2人が1位と2位を占め、チームの強さを見せつけた。

　チーム・ブライアンの〝完勝〟といえる世界選手権だった。男子シングルで、ハビエル・フェルナンデス（23、スペイン）が初優勝。連覇を目指した羽生結弦（20）が2位。16歳のナム・グエン（カナダ）も5位につけた。いずれも、ブライアン・オーサーの門下生だ。

　その夜、羽生は思わず言った。

「改めて、僕たちは最高の環境で練習しているんだなと感じました。トロントのブライアンのチームは、全部の選手とコーチが一緒になり、全体で高いレベルの練習をする。それをまとめるブライアンもすごい」

仙台とカナダ　メールが往復

　今季は衝突事故や手術、右足首の捻挫など、いくつものトラブルに見舞われた羽生。昨年12月に全日本選手権を制したあとは、カナダ・トロントのチームには合流せず、仙台で自主練習をしながら世界選手権を迎えた。

　会えない師弟は、頻繁にメールをやりとりしながら練習を進めた。まず、オーサーが詳細な練習計画を羽生に送った。ジャンプの修正には、今季の中国杯やGPファイナルの映像を使い、トロントと仙台、それぞれの場所で見ながら、「空中での回転軸が左に傾くときは、跳び上がりでこんな傾向がある」などと分析しあった。メールでのコミュニケーションは、羽生が、

「英語で状態を伝えるのは大変でしたが、不安要素は、多少のタイムラグがあることくらい」

　と振り返るほどうまくいき、本番前には4回転が完璧に決まる状

2014年4月11日
スターズ・オン・アイス2014（東京都渋谷区）

2015年2月5日　さっぽろ雪まつりに羽生の雪像が登場（札幌市）

態になった。

トロントでは、フェルナンデスとグエンが決戦に向けて最高の調整をしていた。2人とも4回転サルコーが得意で、サルコー合戦になることもしばしば。オーサーは言う。

「2人はまるで化学変化を起こすかのように刺激しあい、成長しました。ハビエルは今回、初めて『勝ちたい』と口にして、弱気にならずに練習した。王者に向かっていく人だけが放つオーラがハビエルにはあったんです。そうしたらナムもジュニア選手っぽさが抜け、明確に『シニアで上に行くぞ』という態度になりました」

オーサーにとっては、ショート終了時点で羽生とフェルナンデスが1、2位を独占できるかどうかが最大のヤマ場。

「練習を信じることが苦手なハビエルと、例年通りの準備ができなかった結弦。2人ともショートを終えた時点で『やはり自分はベストの練習をしてきた』と思うことが必要でした。結弦は着実に調子を上げていると連絡がありましたし、ハビエルにはとにかく、ショートを練習するように言いました」（オーサー）

計画通り、愛弟子2人はショートで1、2位となり、順位は入れ替わったものの、そのまま金銀を独占した。

来季は悔しさをバネにできる

羽生も振り返る。

「手術からの回復という、未知の状況のなか自分がどこまでやれるのか分からず、少なからず焦りはありました。でも今回、絶対に成長できたところがあって、それを見せられたと思うので、今の状況なりのベストな練習ができたんだと思います」

そして、こう誓った。

「目の前にハビエルがいれば、負けた悔しさが消えることはない。来季は、悔しさをバネにして練習できる」

大会後、来季のGPファイナルは今季に続きフェルナンデスの地元スペインで開催と決まった。3連覇を狙う羽生と、地元でのリベンジを期するフェルナンデスの対決だ。オーサーは、フェルナンデスと羽生は「最高の組み合わせ」だと話す。

「結弦は最高の4回転トーループ、ハビエルは最高の4回転サルコーを持っていて、互いのジャンプを見るだけで最高のイメージを目に焼き付けて伸ばし合うことができる。来季、結弦が通常の状態にもどってハビエルと練習すれば、2人は男子フィギュアを進化させる存在になるでしょう」

ライター　野口美恵

［アエラ15年4月20日号（4月13日発売）］

今季最終戦で納得の演技を羽生結弦が誓った今季初の「ノーミス」

おそらくは疲れきっているに違いない。あまりにも多くのことがありすぎた今シーズン。2連覇がかかった世界選手権も、2位に終わった。

だが、それでも貪欲さを失わないのが「羽生結弦」というアスリートだ。

世界選手権で銀メダルを獲得して帰国した翌日、羽生結弦は、4月16～19日に行われる世界国別対抗戦の記者会見場にいた。そして、力強くこう宣言した。

「今度こそ試合にピークを合わせます。今季は一度もノーミスの演技がなくて、こんな悔しいイメージのままシーズンが終わるのは嫌だ。悔しい思いをぶつける舞台は近いほうがいい。国別で、ノーミスの演技をします」

疲れを見せるどころか、目には強い決意が宿る。

羽生にとって今季は「苦しくて長いシーズン」だった。14年11月の衝突事故、12月の手術、15年2月の捻挫と続き、世界選手権に向けた本格的な練習再開は3月に入ってから。試合まで3週間と短く、コーチのブライアン・オーサーがいるトロントに行くこともできなかった。

「捻挫前が一番苦しかったけれど、捻挫で吹っ切れました」

と言う羽生。日本国内で、基礎スケーティングから自主練習を始め、トリプルアクセルまでは順調に取り戻した。しかし4回転ジャンプは悩んだという。

「崩れる」を経験できた

「身体が動ききる前は、開腹手術の影響は感じなかったのですが、4回転になったら開腹した部分の筋力に微妙なズレがありました。他のジャンプは何とか対応できるけど、4回転ジャンプはそのズレで跳べなくなることに気づいたんです。でもとにかく上海（世界選手権）に間に合わせようと集中しました」

4回転を取り戻したい焦りもあって、調子を上げていくことだけに集中し、試合の前週には4回転の手応えをつかむ。さらに体力を取り戻そうと、フリーの4分半を通した練習を繰り返した結果、ミスなく演技ができる日もあった。

ところが、上海入りしてから調子が下降する。公開練習では、4回転を何度もミスした。明らかに疲労が見て取れた。

「ピーキングのミスです。自分ではピークの調整をやったことがな

かった。捻挫での出遅れもあって「ピークがちょうど上海に来るかなと思っていたら、少し早かった」

通常なら、コーチが調子を見極め、試合にピークが来るよう練習量を調整する。一人で調整していたため、ただ調子を上げることだけを考えたのが、仕上がりが早すぎた原因だった。

結果的に世界選手権本番では、計3本の4回転をミスし、その他のジャンプはすべて成功するという内容だった。

「こうやれば崩れる、というのを経験するいい練習になりました。追い込みすぎて疲れたら調子は下がる。自分のさじ加減を考えるきっかけになりました」

その経験をしたからこそ、国別ではピークを合わせるため、虎視眈々と作戦を練る。羽生はさらに、世界選手権でのミスの原因を追及した。

「ピークじゃなくても4回転を跳べる時は跳べる。だからピーキングだけじゃなく、試合会場でのズレもあったはず。ショートは試合勘がなくなっていたし、フリーは練習でも周りの選手や環境に左右されすぎた」

2位は負けたイメージ

技術的には、世界選手権前の練習でミスなく演技できており、出来上がっている自信があるという。唯一の懸念材料があるとすれば、国別が世界王者を狙うタイトル戦ではなく、チームで戦う〝祭り〟でもある点だ。

「いつもと違う雰囲気の試合のなかで、どこまで自分を集中させられるか」

モチベーションを支えるのは、「プログラムのよさ」だ。

「今季は、ショートは僕のスケート人生でも滑ったことがない曲調で気持ちよく演技できたし、フリーの『オペラ座の怪人』は長いこと滑りたかった曲で思い入れがある。いろんな状況のなかでも落ち着いて演技してきて、この二つのプログラムが精神的にも成長させてくれた。僕らしい演技をしようとすることが、自分を出しきる精神状態に持っていくカギです」

技術的にも精神的にも成長した羽生が演じる、今季の集大成。いやが上にも期待が高まる。

「世界選手権では調子が落ちていたけど、それでも世界で2位になれた。そのこと自体はすごく自信になった。でも2位は自分の中では負けたイメージ。自分も皆さんも納得できて、これで今シーズン終われると思える演技をしたい」

開幕は、間もなくだ。

ライター　野口美恵

［アエラ15年4月20日号（4月13日発売）］

羽生結弦が語った今季とこれから

「ネガティブな気持ちは捨てた」

言葉に詰まる場面は一度もなかった。自身の状態は、きっちり把

2015年4月19日　世界国別対抗戦エキシビション（東京都渋谷区）

握している。それが、強さの秘密なのか。

——腹部の手術をした昨年末から世界選手権までは、どんな3カ月でしたか。

長かったです。苦しい、つらい、楽しい、幸せ。いろいろな感情があって、気持ちを表現するのは難しいけれど、長かったな、と思う。僕の人生の中で絶対に忘れることができない期間だったし、気持ちの落差があり、体も良くなったり悪くなったりがあった難しい期間だった。

——今季は、世界選手権後に発した「悔しい」という一言に集約されるのでしょうか。

悔しかったり悔しくなかったり……。うーん、それはないな。悔しくない、はないな（笑）。

悔しくない試合ってないんですよ。やっぱり。たぶんノーミスしたとしても、ここがああだったな、と感じる試合しかないと思うんです。試合というのはたぶん、引退するまで課題を見つけられる場だと思うので。

その感覚をいつも以上にもらえたな、と思えるシーズンですね。

——この先に、どんなチャレンジを思い描いていますか。

目の前のことを消化するだけ。僕にとって悔しいってすごくポジティブなことなんです。悔しいと思うってことは、先に進もうとしているという意味。そんなポジティブな気持ちはそのまま取っておいて、ネガティブな気持ちはもうとっくにポンと捨てて、捨てた勢いでまっすぐ前に進めたらいいなと。

すべて出しきりたい

——今季は、フリー後半に4回転を入れる構成を断念しました。

来シーズン、やる予定です。ただそれは、足やおなかの状態に配慮しながら。簡単に良くなるわけではないので、その時その時で、何ができるのか、何をすべきなのかを常に考えながら、日々成長していければいい。

——4回転の数や種類を増やす構想はありますか。

4回転ループをやりたい気持ちは、なきにしもあらずです。

できることはやりたい。できることすべてを出しきりたいと思っています。ただ、そのできることが、まだループまでいっていないと思うんですよ。

今季は、アクセルの構成が変わって難しくなり、ステップやスピンを強調できるようにした。これからループに取り組んで、スケーティングやステップやスピンのレベルを上げきれるのか、そこまでの余裕があるのかというと、難しい感じがする。

やりたい気持ちはあるけど、プログラムとしてのバランスを見たときに何が一番自分にできることで、やらなくてはいけないことなのかを常に考えたい。

——ソチ五輪後は、有名になりすぎましたか。

夢を追いかけてきただけなのに、世間の目を気にして生きないといけない。葛藤はあります。でもそれ以上に、スケートができる喜びを感じていたい。

聞き手　朝日新聞スポーツ部・後藤太輔、前田大輔

2014年11月28日　グランプリシリーズ・NHK杯（大阪府門真市）

新たな地平を切り開いた

世界最高得点330・43はこうして生まれた

2015年11月のNHK杯で叩き出した322・40点は、当時の世界最高得点を27点も上回るものだった。驚く世界を尻目に、グランプリファイナルでは330・43点を記録。羽生結弦の進化は、どこまで続くのか。

2015年11月1日　グランプリシリーズ・スケートカナダエキシビション（カナダ・レスブリッジ）

【アエラ15年11月2日号（10月26日発売）】

「いま、新しい感覚で滑れています」思いを言葉にし続けたカナダの夏

２０１５年の夏も、羽生結弦はカナダ・トロントにいた。

今年で4度目となるカナダの夏。そこには、例年とは違う彼がいた。

夏でも夜は気温が10度を切ることがあるカナダ東部の街・トロント。身を置くだけで気も引き締まり、練習に専念できる環境がある。今夏、そこには、練習中に何度もコーチのブライアン・オーサーと話し合う羽生の姿があった。

以前は、自分だけに集中してジャンプを跳び、身体に覚え込ませていた。成功してもオーサーに目配せするのみ。ミスがあったときにだけ、アドバイスを受けるスタイルだった。

しかし、今年は違うとオーサーは言う。

「結弦は去年、健康面で苦労したし20歳になった。自分の意見がまとまって、練習中に細かく伝えてくれるようになりました」

4回転トウループを1本跳ぶとオーサーの元に行き、フォームについて意見を言い合う。話し込む2人にスケーティングコーチのトレーシー・ウィルソンが加わり、今度は助走の話をする。

そのうえで、スピン、ステップから続けて4回転を跳んでみる。すると今度はミス。再び3人で熟考を重ねる。とにかく、頭を使って練習しているのだ。

「昨季も本当はカナダに帰って練習したかったんです。でもケガや手術で帰れなかった。コーチもいないし、滑り込みもできない状況で、自分が何をするべきか深く考えるようにしていました。だから1年前よりは自分の意見を言えるようになったのかもしれません」（羽生）

話し合いながら練習

単独の4回転は習得済み。試合という環境でいかに成功させるかが課題だからこそ、あらゆるケースについて話し合いながら練習するスタイルが定着したのだ。オーサーの分析はこうだ。

「普段、選手とコーチは毎日会えるので、言葉にしないことも多い。でも、昨季の結弦は日本にいたので、メールで、言葉で伝えないとお互いのことが分からなかった。会えない分、結果的に、結弦の求めるスケートの練習を共有できたと思います」

2人が決めた今季の挑戦は、〝プログラムの後半に4回転トウループを入れる〟こと。得意の4回転をより難しくして、基礎点を積み増す。だが、現役の日本男子が国際スケート連盟の公式戦で〝4回転を後半に〟成功させた例は、まだない。

「後半になると、呼吸、疲れ、緊張具合、すべてが変わってくるので、前半とは違うコツが必要になる」（羽生）

夏の練習での成功率は五分五分。オーサーは順調だと見る。

「単に、まだ試合勘が薄れていることと、気持ち的に後半はフレッシュさがなく緊張感が薄れることが原因。結弦の能力を考えれば〝後半の4回転〟は不可能ではない。それにいま、4回転ループも成功しているので、シーズン中に驚異的な演技を見せるかもしれません」

ジャンプとは別に、羽生が自身に課したのは表現力の向上だ。ショートでは昨季と同じショパンの「バラード第1番」を使う。五輪シーズンまで使用した「パリの散歩道」では何度もショートの世界最高点を更新したが、昨季は一度もノーミスがなかった。

「『パリの散歩道』はいま思えば楽でした。ギターやベースなどいろんな音があって、感じたままに滑れば評価してもらえた。でもピアノは違う。去年、ショパンを自分のなかで表現しきれませんでした。シンプルなピアノの旋律に溶け込むような繊細な演技をしたいです」（羽生）

どんな動きをすればショパンを体現したと言えるのか。羽生は考え続けた。7月のアイスショーで、ピアニスト福間洸太朗の生演奏で滑る機会を得ると、福間の演奏をインターネットで見て間合いを研究した。

「福間さんの指の使い方、身体の動かし方、間合いを見て、ショパンのイメージを作りだそうとしました。まだ自分は、物語がない〝無〟の状態から感情を生み出し、イメージを持つことができない。振付けに動かされているという感じです」

羽生はそう話し、より高い芸術性を求めて試行錯誤を続けた。

幅を広げるために「和」

フリーは、映画「陰陽師」で使われた「ＳＥＩＭＥＩ」。振付師が狂言の動きからインスピレーションを受けたという、和風の振付けだ。衣装は狩衣風で、印を結ぶしぐさなどが随所にちりばめられている。

「自分の幅を広げようと考え、和物にしました。和の力強さ、身体の線の使い方、繊細さなどを出したい。跳んだりはねたりではなく、姿勢がぶれないように歩くという能や狂言の動きは、スケートに通じるものがある。なめらかさを見せたいです」

夏のアイスショーではショートとフリーの短縮版を滑り、プログラムの感覚をつかんだ。今季初戦に選んだのは、トロント郊外で行われたオータム・クラシック。グランプリシリーズ初戦もスケートカナダ。11月末のＮＨＫ杯まで、カナダで落ち着いて練習できる環境をつくった。

「トロントはとにかくスケートに打ち込める環境。練習と身体のケア、勉強以外にやることはないし、街にも出かけません」

10月中旬のオータム・クラシックではショート、フリーともに〝後半の4回転〟でミスしたが、ショートのステップは圧巻。ピアノの切なく凛とした音色を体現し、情感にあふれた。

「夏の間、手の動きも表情も一生懸命に勉強して、いま、新しい感覚で滑れています」

と羽生。ミスへの悔しさはあるが、表現に手応えを感じたことは何よりの収穫だった。さらなる高みを目指す、20歳のシーズンが始まる。

ライター　野口美恵

［アエラ15年11月2日号（10月26日発売）］

羽生結弦選手インタビュー

パトリックとの直接対決「自分自身に集中したい」

――スケートカナダに向けた意気込みは。

パトリック（・チャン）選手と当たるのはソチオリンピック以来。ワクワクしているのと同時に、自分自身が自分に集中しなくてはいけない。注目されると思うんですけど、出場する12人の中の一人が僕であり、パトリック選手であることに変わりはない。だから「2人で対決」みたいな感覚はないです。普通以上のワクワク感はあるかもしれないけど、「この気持ちが邪魔だった」と思うのか、「この気持ちをもっと強くしていればもっと良い演技ができたかもしれない」と思うのか。それは、試合が終わってみての（今後への）収穫だと思います。

――本番はどう戦いますか。

しっかり勝ちにいけるように考えた上でいろんな気持ちをコントロールして、生まれた課題をまた見極めたいかなと思います。ただ、課題課題と言っていますが、課題よりも何よりも一番はまず演技。絶対集中したい。

――グランプリファイナルの3連覇がかかります。

関係ないですね。優勝したい気持ちは、変わらないです。昨シーズン同様に、いろんな経験をさせていただけると思います。違った意味の成長や経験があると思うので、そういうものを生かして、ただトップを狙っていきたい。

前田大輔

［朝日新聞15年11月29日朝刊］

フィギュアNHK杯

322・40点、ビッグハット揺れる　羽生選手、歴史刻む

1998年、長野冬季五輪の舞台となった長野市のビッグハットに、再び歴史が刻まれた。28日、フィギュアスケートのNHK杯で羽生結弦選手がたたき出した322・40点。その瞬間、大歓声で会場が揺れた。

羽生選手自身、「長野」を意識していた。滑走後、「五輪のマークがある会場。『絶対王者だぞ』と言い聞かせながらやった」と笑顔で話した。

［アエラ15年12月14日号（12月7日発売）］

まだまだ挑戦を楽しみたい　高得点の出し方は「宿敵」に学んだ

前人未到の322・40点を叩き出し「レジェンド」な演技を見せた羽生結弦。

世界記録を27点も上回る高得点で、世界を驚かせた。

実は、この高得点の背景には、意外な人物の存在があった。

322・40点の得点が表示されると同時に、羽生が両手でほおを覆う――。

この場面が目に焼き付いて離れない読者も少なくないだろう。異常な高得点に、会場を埋め尽くした観衆同様、羽生自身も自分の目を疑っていたに違いない。11月28日、今季のグランプリ（GP）シリーズ最終戦NHK杯でのことだ。

前日のショートプログラム（SP）で106・33点を叩き出し、自身が2014年ソチ五輪で出したSP世界歴代最高101・45点を更新していた。

迎えたフリースケーティング（FS）。総合点の世界記録は295・27点、羽生の自己ベストは293・25点で、「300点超えは可能か」がフィギュアスケート界における近年の話題だった。表示されたFSの得点は216・07点、合計は322・40点。〝常識的〟目標を20ポイント以上超える数字だった。

なぜ、ここまでの高得点が出せたのか。

SPの理由ははっきりしている。「後半に4回転」から「4回転2種類」に変更した作戦勝ちだ。

「勝ちたい」がモチベーション

五輪後の14年から羽生は、

「五輪王者だからといって、このままではいたくない。進化し続けたい」

と、得点が1・1倍になる演技後半の4回転にこだわってきた。昨季はケガや病気で1度しか挑戦できず、今季の初戦オータム・クラシックとGPシリーズ初戦のスケートカナダでは後半の4回転をミスして弱気な発言。

「〝後半〟という概念にとらわれているのかも。まだ考えが足りない。自分の弱さがたくさん見えてまとめきれていない」

転機はスケートカナダのエキシビションだった。

世界記録保持者でスケートカナダを制した宿敵パトリック・チャンを前に「絶対に負けない」と、

2015年12月10日　グランプリファイナルSP（スペイン・バルセロナ）

4回転サルコウを難しい跳び方で跳んだ。

コーチのブライアン・オーサーは確信した。

「やはり結弦は勝ちたいという気持ちが強いモチベーションになる。サルコウの能力も十分だ」

この後、師弟は相談して、NHK杯では「SPで4回転2種類」に挑戦することを決めたという。SPの「後半に4回転を1種類」の時の基礎点は、31・16点。「前半に4回転2種類」にした新構成だと34・45点。3点以上の増点になる。

10点満点×5項目の演技構成点も、今季2戦では8点台後半～9点台前半だったが、NHK杯ではジャンプが決まったことで演技への感情移入ができ、「演技力」の項目が高評価の9・50点に。また、4回転ジャンプ2種類を成功させたことで、滑りの基礎が多彩にこなせているとみなされ、「スケート技術」の項目も9・39点になった。

結果、SPは106・33点。

「いま自分ができる最高難度のショートをやりました。スケートカナダとは全く違うプログラムになった感じです」(羽生)

そしてこのSPが、伝説的なFSへの伏線になる。

「難しい跳び方」の4回転サルコウを取り入れたことで、

「普通ではない入り方を練習していたら、普通の4回転サルコウの

2015年11月29日　グランプリシリーズ・NHK杯エキシビション練習(長野市)

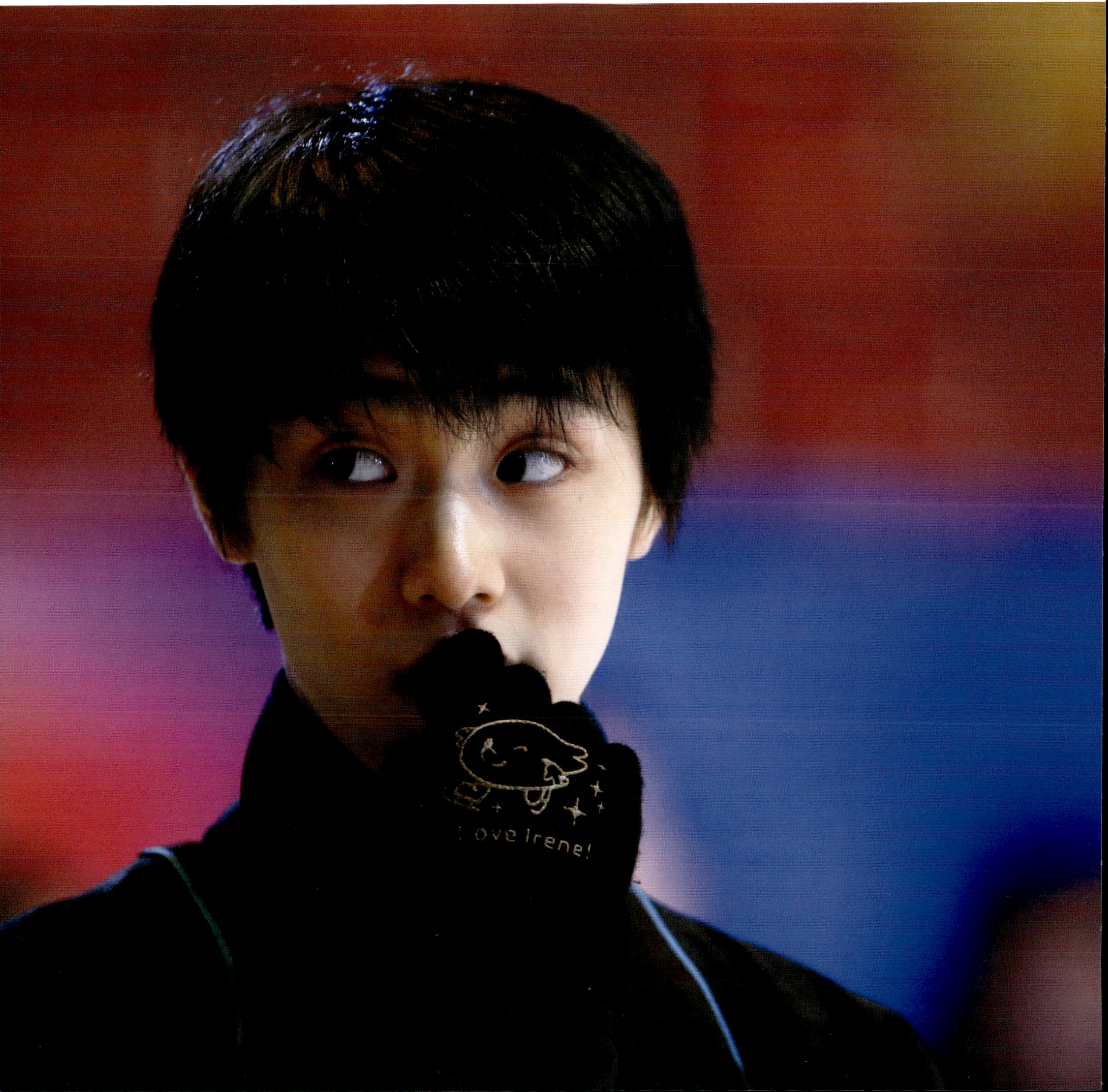

2015年12月12日　グランプリファイナルFS（スペイン・バルセロナ）

跳び方がシンプルに集約されてきた」（羽生）

コツがつかめたというのだ。〝後半〟へのトラウマも払拭。

「4回転2種類を練習したからこそ、後半とかって関係ないんだと思えるようになりました」

そして11月28日を迎えた。

冒頭の4回転サルコウは、SPでの練習効果もあって軽やかに成功。続く4回転トウループは十八番だけあってクリーンに決める。課題だった後半の4回転も自信を持って降りた。

ただし、4回転3本の成功は、高得点の一部に過ぎない。むしろ圧巻だったのは、「すべての技が高品質」だったことだ。

チャンの演技を研究した成果

演技後半の「トリプルアクセル+2回転トウループ」は、ステップを踏んでから跳び、2回転中に空中に手を上げた。ジャッジは「出来映え（GOE）」に満点の「+3」をつけた。同様に、ジャンプ八つ、スピン三つ、シークエンス二つという13の技術要素を「ちょっとずつ高品質」にすることで、GOEだけで23・08点が加点された。スケートカナダの加点はわずか7・85点。この差は大きい。

スケートカナダでのチャンの高得点を研究した成果だった。

「僕のほうがジャンプの難度は明らかに高いけど、パトリックのほうが技の見せ方を知ってる。すべてクリーンな演技をすることでGOEも演技構成点も稼げるのが彼の素晴らしいところ」

そう気づいて考えた作戦は、

「流れるようなジャンプを跳べることが僕の長所だから、そこはちゃんとアピールする。ジャンプだけに自信を持っていて曲とのユニゾンがなかったから、スケーティングも含めて全体的にきれいに滑ろう」

宿敵チャンの戦い方を自分のものにしたのだ。結果、NHK杯のFSは216・07点。

「スケートは何がゴールか分からないから楽しい。まだまだ挑戦を楽しんでいきたい」

ライター　野口美恵

［朝日新聞16年2月4日朝刊］

羽生選手、初映画 若きお殿さまに 地元・宮城舞台の時代劇

フィギュアスケートのソチ五輪金メダリスト羽生結弦選手（21）が映画に初出演する。中村義洋監督の時代劇「殿、利息でござる！」（5月公開）で、江戸時代の仙台藩主、伊達重村を演じる。羽生選手が生まれ育った宮城を舞台にした物語で、出演を快諾したという。松竹が発表した。

作品は、『武士の家計簿』などで知られる磯田道史さんが著した『無私の日本人』が原作。実話を元にしている。羽生選手は困窮する庶民の前にさっそうと現れる若き殿さまという役柄だ。出演は阿部サダヲさん、瑛太さん、妻夫木聡さんら。

羽生選手は「地元宮城にこんな素晴らしい話があったということに驚いています。殿様として、威風堂々とした姿と優しさを兼ね備えるそのギャップを、自分なりに表現出来ればと思い一生懸命やりました」などとコメントしている。

［アエラ16年4月4日号（3月28日発売）］

二人がいるから強くなれた 羽生結弦が「世界王者奪還」を目指す世界選手権

世界フィギュアスケート選手権が3月30日、米国・ボストンで開幕する。

男子シングルでは、世界の頂点を経験した3人がしのぎを削ることになる。

フィギュアスケート2015－16年シーズンの頂上決戦となる世界選手権。日本勢は、男子シングルに羽生結弦（21）、宇野昌磨（18）、女子シングルに浅田真央（25）、宮原知子（18）、本郷理華（19）が出場。ペアとアイスダンスにも一組ずつを送り込む。

最大の注目が男子シングルであることは、衆目の一致するところだろう。4回転ラッシュの時代を迎え、争いを制するためには4回転を跳ぶだけではなく、「数」と「質」でライバルを上回らなければならない。14年ソチ五輪を制した羽生、15年世界選手権を制したハビエル・フェルナンデス（24、スペイン）、11年から13年まで世界選手権を3連覇し、ソチ五輪でも銀メダルを手にしたパトリック

・チャン（25、カナダ）が一堂に会する今回は間違いなく、歴史に残るハイレベルな一戦になるはずだ。

この3人だけが「別の次元」へ

これまでの男子では長く、「フリーで200点、総合で300点を超えられるか」がテーマだった。実際、13年11月のグランプリ（GP）シリーズフランス杯でチャンが記録した295・27点は、長く更新されなかった。

ところが今季、3人の武者がその記録を次々と打ち破る。

まず、15年11月のNHK杯で羽生が、ショートで2本、フリーで3本の4回転を成功させ、総合で322・40点をマーク。翌12月のGPファイナルでも330・43点と、自らの記録を更新した。

今年1月の欧州選手権では、羽生と同じブライアン・オーサー門下のフェルナンデスが、ショートで2本、フリーで3本の4回転に成功。302・77点をマークし、史上2人目の300点超フィギュアスケーターとなった。すると黙っていられないのが、チャンだ。2月の四大陸選手権に出場すると、フリーで2本の4回転を含む完璧な演技を見せ、203・99点をたたき出した。

他の選手とは一線を画す別次元へと足を踏み入れた3人だが、彼らの高得点の源は二つ。

まずは、4回転の「数」だ。

羽生は、今季の初めまでショートでは「演技後半の4回転」が課題だったが、10月のスケートカナダではこれをミス。しかもチャンに優勝を譲り、苦杯をなめる。すると、演技後半の4回転の成功はまだないにもかかわらず、更に高いレベルへのプログラム変更を決意した。

「僕にとっての成長は、そんな幅では絶対にダメだ。ショートでの4回転は2本やる。パトリックに離されっぱなしではいられません」（羽生）

限界への挑戦は、そのまま羽生にとってのモチベーションとなり、結果は「有言実行」。

もう一つ、300点への突破口を開いたのはジャンプの「質」。ジャンプは、「跳ぶときの入り方が難しく、飛距離・高さ・流れがあり、降り方も難しい」などの質の高いものには、最大で「+3」の加点がつく。

チャンはスケートカナダで、4回転をショート1本、フリー1本しか入れていないが、「質への加点」で羽生を上回った。

やってみないと分からない

試合後の記者会見でチャンは、「もう24歳になる僕にとって4回転は1本で十分。フィギュアスケートとはジャンプを何本も跳べば勝てるものじゃない。技の質や滑りで魅せたい」と強気の発言。隣で聞いていた羽生は、「質」を今まで以上に意識するようになった。

「パトリックのすごいところは、演技をまとめあげる力。もし3回転だけでプログラムを構成しても、試合の緊張感のなかでそれをプラスが付くように完璧にこなすのは、難しいことです」（羽生）

その後、羽生が選んだのは、4回転サルコウの「入り方」と「降り方」の難易度を上げて加点が狙える技術を取り入れ、その精度を磨くことだった。

「とにかくすべての面で、ただ、強くなりたい。ひと皮むけたな、と思ってもらえるように、血の滲むような努力をしてみせます」

その成果は、NHK杯に続くGPファイナルで顕著に表れる。ジャンプの「質」への加点でずらりと「+3」が並び、世界最高点、つまり羽生にとっての自己ベストを330点台へと伸ばしたのだ。

フェルナンデスは、1月の欧州選手権で300点超えを果たすと、こう話した。

「GPファイナルのあと、すぐに僕もショートで4回転を2本入れようと決めました。欧州選手権ではミスがあっても300点だから、これをステップに、世界選手権はさらに上を目指します。結弦と僕は一緒に練習して、毎日の調子の波で、勝ったり負けたりと刺激し合っています。本当に最高の練習仲間。そしてお互いがベストを尽くせるよう、試合では自分に集中するだけです」

フリーの200点超えを果たしたチャンも言う。

「世界選手権は、かつてないハイレベルな大会になる。でも怖がる必要はない。フィギュアスケートが魅力的なのは、その日、その時、誰がどんな演技をするのかやってみなけりゃ分からないというところ。僕はまだ進化します」

何が起こるか分からない大会が、幕を開ける。

幼いころから培ってきた羽生結弦の勝つメソッド

これほどまでに勝ちにこだわる選手もめずらしい。アクシデントに見舞われても、必ず復活。実はそこには蓄積されたメソッドがあった。

かつてないハイレベルな三つどもえの戦いに、羽生はどう立ち向かうのか。

そのヒントとなるのが、子どもの頃から培ってきた頭脳、つまり「メソッド」だ。ミスした試合の後は反省点を探り、成功体験は「メソッド化」してきた。彼がこれまでに巻き起こしてきた数々のドラマを支えてきたのが、この武器である。

羽生は試合に向けた練習期間に、「明確なモチベーション」を設定する。今回使うのは、「悔しさ」。

09年世界ジュニア選手権で12位となった時に彼は、こう話している。

「負けるのは悔しいこと。悔しいのが嫌なら練習が大事だということ。だから練習では、1秒でも多く滑るという意識ではなく、一つでもジャンプを成功させることを考えます。そしてジャンプが決まらない時は世界ジュニアを思い出して『すごく悔しい』と口に出します」

いまの彼の「悔しさ」は、NHK杯、GPファイナルと300点超えを果たしたにもかかわらず、12月末の全日本選手権フリーでトリプルアクセルを転倒したこと。直後にこう語った。

「トリプルアクセルは自分のプライドを持って得意だと言えるジャンプ。それを失敗したのは、体力や集中力以前に、ただ悔しい。次の試合に向けたいい刺激をもらえた」

結果への意識を強くしすぎない

さらに進化するためには、ライバルの存在が大きい。無類の負けず嫌いで、4回転トウループも4回転サルコウも、初めて成功した

2015年11月28日　グランプリシリーズ・NHK杯FS（長野市）

のはアイスショーの練習で髙橋大輔や無良崇人らが目の前にいたときだ。

羽生は12年オフ、トロントに拠点を移す際には、こう考えたという。

「心からすごいと思える選手がいることが、僕を突き動かす。ハビエルは4回転をフリーでボンボン決めている。彼の4回転を毎日見て刺激を受けたい」

そして今回も、年明けから2カ月、フェルナンデスと共にカナダで練習。この世で〝ただ2人〟の300点超えスケーターが、同門生として同じリンクで切磋琢磨している。チームメートとの争いが、気づけば世界トップ2の争い。これは羽生の戦略なのか。

そして本番。今回は自身の330点というハイスコアをどう受け止めるかがカギになる。

NHK杯のフリーを前に、彼はこう語った。

「いつもと違う緊張感。これはミスを重ねていった五輪のフリーと同じだ。良い演技をしたいのではなく金メダルが欲しくなっていた。いまの僕は『フリーで200点超えしたい、ノーミスしたい』と、結果への欲が出ている。そうじゃない。一つ一つの技に集中するんだ」

試合中に「ノーミス」という結果への意識が強くなりすぎると、技への集中力を欠く原因になる。それを経験値から蓄積した彼は、本番になると「ノーミス」とは考えないようにしているのだ。

いよいよ開幕する16年世界選手権。「悔しさ」と「ライバルの存在」を胸に練習に励み、「ノーミス」への欲をコントロールして試合に臨む。

このメソッドで、羽生はボストンで表彰台の中央に立てるだろうか。

ライター　野口美恵

2015年3月27日　世界選手権SP（中国・上海）

[朝日新聞16年4月2日夕刊]

フィギュア・世界選手権

羽生、転倒で2位

1日（日本時間2日）、米ボストンで第3日があり、男子フリーはショートプログラム（SP）首位だった羽生結弦（ANA）がジャンプでミスが相次いで184・61点、計295・17点の2位で、2季ぶりの優勝を逃した。SP2位のハビエル・フェルナンデス（スペイン）がフリー216・41点、計314・93点を記録し、逆転で2連覇を飾った。

SP4位の宇野昌磨（中京大）はフリー173・51点、計264・25点で7位だった。

途切れた集中、逆転許す

ライバルの演技に刺激を受け「超えてやる」と闘争心を燃やす。今季の羽生はこうして、前人未到の高得点を連発してきた。だがこの日のフリーは、少し状況が違っていた。

最終グループで「慣れていなかった」という2番目の滑走順。前年王者のフェルナンデスもパトリック・チャンも、金博洋も宇野も、全て滑走順は羽生の後だった。さらに、SP2位のフェルナンデスと12点以上離れていて、集中力を保つのが難しかった。

冒頭の4回転サルコーの着氷で氷に手が触れた。新たに組み込んだ演技後半の4回転サルコーからの2連続ジャンプは、最初のサルコーで転倒。トリプルアクセル（3回転半）ジャンプからの3連続ジャンプや、3回転ルッツもミスが出た。最後の決めポーズで両手を広げた直後、しばらく両ひざに手を付いた。

フェルナンデスに逆転を許し、2季ぶりの王座奪還を逃した。「率直な気持ちを言うと、この舞台で金メダルを取らないと、まだまだだとすごく思う」。悔しさを押し殺すように言った。

前田大輔

自分の限界を高めたい

10代4回転ジャンパーの猛追にもぶれない

逆境もライバルの存在も。すべてを力に変えるのが羽生結弦というアスリートだ。20年続いた「4回転2種類」時代は、ここに来てにわかに「4回転5種類」時代へ。羽生はやはり、挑戦をやめなかった。

［アエラ16年10月24日号（10月17日発売）］

王者は「質」で
プラス20点
男子シングルで続く
「4回転 ジャンプバトル」

羽生結弦の史上初の4回転ループ成功で幕を開けた今シーズン。宇野昌磨は4回転フリップを決め、本数を増やす選手も続出。どこまで進化するのか。

昨季、4回転を「跳びまくった」男子選手がいた。シニアに上がったばかりでまだあどけなさを残す、中国の金博洋《ジンボーヤン》(19)だ。

最も得点が高いルッツはほぼ100％の成功率。計3種類の4回転を跳び、2016年2月の四大陸選手権では、「ショート2本＋フリー4本」を成功させる偉業を達成した。

1988年にカート・ブラウニング（カナダ）が公式戦で初めて4回転トゥループを決めたところから、4回転の歴史は始まった。98年にティモシー・ゲーブル（米国）がサルコウに成功。2011年にブランドン・ムロズ（米国）がルッツを成功させるも、以降一度も成功しないまま引退し、4回転はサルコウとトゥループの2種類という時代が20年続いた。

もっときれいに跳べる

この「停滞」を打ち破ったのが金。そして、刺激を受けて新たな金字塔を打ち立てたのが羽生結弦(21)だ。

羽生は、14－15年シーズンまでは「ショート1本＋フリー2本」だった4回転を、15－16年シーズンに「ショート2本＋フリー3本」に増やした。飛距離も流れもあり、大きな加点が付いた結果、15年末のグランプリファイナルでは、総合330・43点の世界記録を出した。

ハビエル・フェルナンデス(25、スペイン)も16年世界選手権で「ショート2本＋フリー3本」に挑戦し、1月の欧州選手権に続き300点超えを果たす。4月には、宇野昌磨(18)が世界初の4回転フリップを成功させた。

そしてこのことが、「ライバルがいるほど頑張れる」という羽生を奮起させ、今季初戦となる9月の国際大会での史上初の4回転ループ成功につながった。

右足で跳び、右足で降りるという片足の跳躍力と回転力に頼るループはタイミングが難しく、アイスショーなどでは成功させながら、公式戦では封印していた大技。試合後には、

「普段はもっときれいに跳べる」

と成功を手放しでは喜ばず、質へのこだわりをみせた。

この試合では「フリーで4回転4本」にも挑戦。10月21日からのグランプリシリーズに向けて、こう自分を鼓舞した。

「次の試合ではノーミス、そうでなきゃ羽生結弦じゃない」

トゥループ、サルコウ、フリップ、ルッツと4種類を習得し、「フリーで4回転5本」に挑むネーサン・チェン(17、米)、4回転2種類を組み入れた無良崇人(25)、4回転サルコウ2本を入れる田中刑事(21)など、バトルは白熱。ループに挑戦し、認定されるジュニア選手も現れた。

リスクのほうが大きい

リスクもある。今季のルール改正で、4回転ジャンプで転倒した場合の減点は「マイナス4」（質のマイナス3と転倒のマイナス1）から「マイナス5」になった。

4回転トゥループの基礎点は10・3だが、転倒すると5・3、回転

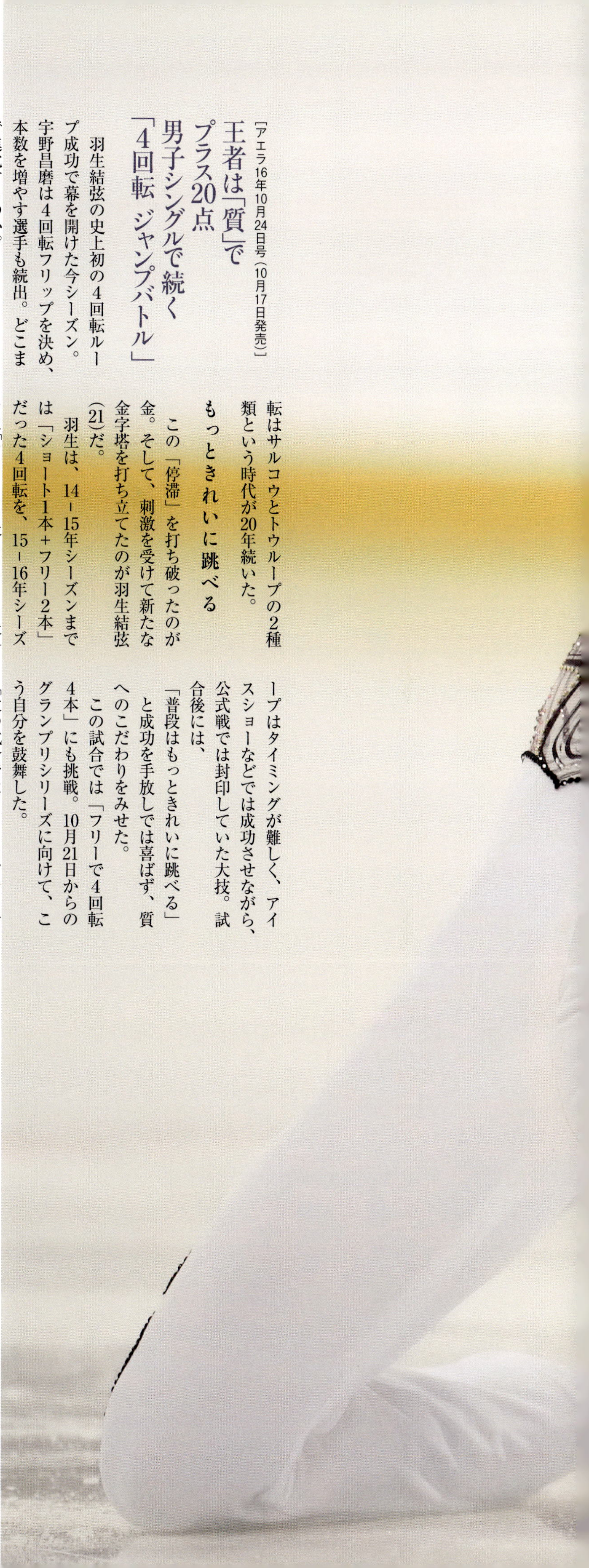

2016年9月30日　オータム・クラシックSP（カナダ・モントリオール）

2016年10月27日　グランプリシリーズ・スケートカナダSP滑走順抽選会（カナダ・ミシサガ）

不足で転倒すると３・０。逆に、質の高い３回転トウループなら得点は最大５・４。未完成のうちに４回転に挑戦するリスクは大きい。

羽生とフェルナンデスのコーチ、ブライアン・オーサーは、

「若手は４回転をたくさん跳べば勝てると思っているかもしれない。しかし結弦とハビエルの３００点超を支えるのは、４回転の数ではなく質。４回転のみが対象ではありませんが、質の加点だけで２人とも、ショートで10点、フリーで20点も稼げる。これが王者の戦い方です」

この２トップをどこまで脅かせるか。激戦がスタートする。

ライター　野口美恵

［アエラ16年12月12日号（12月５日発売）］

どんな状況でも勝つ羽生結弦、世界最高点「更新」の準備はできた

やはり羽生結弦は強かった。今季３戦目のＮＨＫ杯で、今季の男子最高点となる３００点超え。２６０点台だった10月のスケートカナダの後、何があったのか。

11月末に札幌で行われたＮＨＫ杯。羽生結弦(21)はスコアを目にした瞬間、ガッツポーズをみせた。

「久しぶりに３００点を超えました。１年前に３２０点、３３０点を出した時はすごくうれしかったけれど、今回はホッとした。自分のなかでは『完璧にやらなきゃ』とか『３００点いかなきゃ』とかいろんな思いがあったんです。やっとプログラムを楽しめる余裕が出て、前回のスケートカナダとは全く違う感覚で滑ることができました」

ミスのあったショートプログラム（ＳＰ）でも１００点超え、フリースケーティング（ＦＳ）では世界唯一の大技である４回転ループを成功させた結果の、合計３００点超えだった。

今季は、９～10月のオータム・クラシック、10月のスケートカナダともに２６０点台。わずか１カ月弱での急成長の要因は、コーチを務めるブライアン・オーサーとの「４回転ループ」をめぐる戦略と駆け引きだった。

背景にあるのは、男子の４回転激戦時代の到来だ。これまで４回転はトウループかサルコウが主流だったが、昨季、４回転ルッツを得意とする金博洋(19、中国)が現れたことで、「複数種類の４回転を跳ぶ時代」に突入。４月には宇野昌磨(18)が世界初の４回転フリップを決めた。いまだ成功者のいない４回転はループのみ。羽生が何度も練習で降りているジャンプだった。

プログラムかループか

羽生は、左足甲の靱帯損傷による２カ月の休養後、今年６月の練習再開から、４回転ループの成功にこだわり続けた。

しかし、オーサーはこんな戦略を考えていた。

「結弦が昨季３３０点を出したことを考えれば、同様の戦略で平昌五輪まで行くのがセオリーだ。技の質や演技の完成度こそが私たちの得点源。４回転ループを練習するのは構わないが、プログラム全体の質を上げる練習のほうが優先だ。ジャンプの本数を変えなくても、質を磨き、プログラムを滑り込み、加点を積み増していけば、平昌五輪は勝てる」

しかし、羽生は４回転ループを安定させることを優先した。ループは「右足で跳び、右足で降りる」ジャンプのため、痛めている左足を使わずにすむ。左足を使う得意の４回転トウループの練習ができないぶん、ループにこだわるのは当然だった。

オーサーはそれでも４回転ループを積極的には勧めず、羽生自らが「今季のプログラムに入れる」と提案。互いの真意が伝わらず、両者が「ループに反対のオーサーと、ループを跳びたい羽生」という誤解を抱えたまま、オータム・クラシックを迎えた。

ショートに２本、フリーに４本、計６本と昨季より１本多い４回転を組み込んだ今季のプログラム。オータム・クラシックでは、世界で初めて４回転ループを成功させたが他のジャンプは乱れ、演技全体の得点は下がった。

さらにスケートカナダではその４回転ループをミスしたため、演技中ずっとジャンプに意識が集中、演技を評価する「演技構成点」が一気に下がった。昨季は10点近くをマークした「表現」や「音楽解釈」の得点はすべて８点台で、合計はＳＰ44・17点、ＦＳ88・12点。１年以上前の評価に戻ってしまった。

ミスしても３００点超

このままでは３３０点超の世界最高点はおろか、追撃してくる若手よりも演技の評価が低くなってしまう。羽生とオーサーは、腹を割って話し合った。オーサーはこんなふうに羽生を説得したという。

「昨季の作戦を思い出すんだ。４回転の練習をして３００点を超えたんじゃないだろう？　演技構成点で９点台後半や10点を出すのが勝者の戦い方なんだ。まずプログラム全体に気を配る練習をして演技全体の評価を高め、その後で新しいジャンプの精度を高めればいい」

羽生も、自分の意見を吐露した。話し合いをこう振り返る。

「自分のスケートへの考え方、プログラムへの考え方、そしてジャンプは自分にとってどういうものなのかをブライアンと話しました。『自分にとって４回転ループは演技の一部だからしっかりやりたい』『僕にとってはジャンプが決まらないとトータルの演技にならない

2017年4月2日　世界選手権エキシビション（フィンランド・ヘルシンキ）

ない』ということも言いました」

2人は最終的に、「プログラム全体の質を高めてこそ、4回転ループを成功させる意味がある」という見解で一致。羽生はNHK杯に向けて、スケーティングやステップ、演技全体に気を配るよう意識して練習し、プログラムの精度を上げた。

迎えたNHK杯。演技構成点には再び9点台がずらりと並び、SPとFSの合計で301・47点をたたき出した。羽生がこだわった4回転ループはSPではミス、FSでは成功。オーサーが言うように、得点源の「メイン」ではなかったということだ。

羽生は言う。

「ミスがあっても300点を超えたのが収穫です。スケートカナダの時は演技のベースがない中でジャンプをミスして、ガタガタと崩れ落ちた感じ。今回はスケーティングとジャンプをしっかり一体化させようと考えて滑りました。ブライアンと話し合ったことで、練習の質も良くなり、コミュニケーションも取れるようになりました」

オーサーも、満足そうにこう語った。

「結弦の希望通り、4回転ループの感覚を五輪前のシーズンのうちにつかむのは正しい戦略だ。『初の成功』までは演技やスケーティングが多少犠牲になるのは普通のこと。コーチと選手はこうやって学び合い、新たに進んでいくのです」

2人は歩み寄り、再び「世界最強のチーム」として始動した。おもしろいのは、この試合後に「ピークの作り方」をめぐって再び2人の意見が割れたことだ。

次は「ピークの作り方」

オーサーはやはり、慎重派だ。

「結弦は昨年までシーズン前半にピークがきて、3月の世界選手権でベストを出せなかった。平昌五輪が開かれるのは2018年の2月。いまはまあまあの点数に抑えるべき時期です。今季こそ、2月、3月にピークを持っていきます」

羽生はすぐさま反論した。

「僕自身はピークが12月のグランプリファイナルでもいいと思っています。ブライアンにも言いましたが、ピークどうこうではなく、自分がどんな状況でも勝ちたいし、いい演技をしたいし、楽しく滑りたいんです。だからファイナルに向けて、しっかり練習します」

そして、オーサーがまだ試合では許可していない4回転ルッツに言及した。

「左足甲の靱帯を痛めたあと、痛めた関節への衝撃が小さいのはルッツだったので、4回転ルッツも練習しています。来季入れるつもりはまだないですが、視野には入れておきたい」

戦略家のオーサーと、才能ある若き羽生。2人の駆け引きはこれからも続くだろう。言えるのは、

2017年2月19日　四大陸選手権エキシビション（韓国・江陵）

世界最高点を更新する準備はできた、ということだ。

ライター　野口美恵

［朝日新聞16年12月13日朝刊］

フィギュアスケート・GPファイナル

羽生V4成長誓う

最終日は仏・マルセイユで男女のフリーがあり、男子はショートプログラム（SP）首位の羽生結弦（ANA）がフリーで3位となり、合計293・90点で男女を通じてシングルでは史上初の4連覇を達成した。SP4位の宇野昌磨（中京大）はフリー2位、合計282・51点で2大会連続の総合3位。

フリーは3位
「平均値上げたい」

毎年のように技術をレベルアップさせながらプログラムを滑りこなすのは難しい。演技の完成度が低いシーズン前半にあり、緊張感が高まるGPファイナル。男子は多くの選手が複数種類の4回転ジャンプに挑戦したが、失敗が目立った。

羽生はフリーの冒頭で4回転ループを決めた。一方で、後半の4回転サルコー―3回転トーループは転倒。今季4戦目で、この連続ジャンプは一度も成功していない。

羽生だけでなく、世界選手権2連覇中のフェルナンデス（スペイン）、ソチ五輪銀メダリストのチャン（カナダ）もジャンプで何度もミス。4回転フリップを決めるなど、フリーで好演技を見せた宇野や、ネーサン・チェン（米国）も、SPでは崩れていた。

「SPとフリー、片方だけだったらうまくいく」。羽生は両方でミスなく演じる難しさをにじませた。また、「スケーティングやスピンは、ジャンプが跳べなくなるとおろそかになってしまう」とジャンプに気を取られ、他の部分が充実させられない点を反省した。

羽生は、「ピーク（を合わせる手法）は、色々と考えて試したが、変えられるものではない」と、調子が最高潮の時を試合に合わせる難しさも語る。

2014年ソチ五輪の金メダルは、ミスする選手が相次いだ中での獲得だった。「（調子の）ピークが合わなくても、いい演技ができるよう演技の平均値を上げたい。平昌五輪に向けて確実にできるフリーにしたい」。今大会で、五輪2連覇への道筋を改めて確かめていた。

後藤太輔

［アエラ17年1月2日・9日合併号（16年12月26日発売）］

絶対王者は誰だ　激化する平昌五輪の金メダル争い

2018年平昌五輪（韓国）の金メダル争いが激しさを増している。

昨季、世界のトップ争いは、14年にソチ五輪と世界選手権を共に制した羽生結弦(22)と世界選手権2連覇中のハビエル・フェルナンデス(25、スペイン)との間で繰り広げられた。そこに食い込めると思われたのは、11年から13年にかけて世界選手権を3連覇したパトリック・チャン(25、カナダ)くらい。

しかし、16年12月8日から10日にかけてフランス・マルセイユで行われた今季のGPファイナルでは、ネーサン・チェン(17、米国)が自分もその争いに加われることを力ずくで証明した。フリースケーティング（FS）で4回転ルッツ―3回転トーループの連続ジャンプを美しく決めるなど、計4度の4回転に成功。FSで、自己ベストの世界歴代4位となる197・55点をたたき出し、ショートプログラム（SP）5位から銀メダルをもぎ取った。

宇野昌磨(19)も割って入る勢い

だ。4回転フリップが決まり始め、FSの評価は高い。ファイナルではSP4位をFSで巻き返し、2大会連続の銅メダルを獲得。頂点に手が届くところまでレベルを上げている。試合後には、

「去年は『もうこれ以上無理』という3位だったが、いまは3位に満足していない。そこが去年と違う」

と話し、意欲も高まっている。

翻って、ファイナル4連覇を達成した羽生。完璧に近いSPで首位に立ったがFSではジャンプミスが重なって3位。試合後は、

「FSの3位という結果は、はっきり言って非常に悔しい」

「このシーズン前半は自分の中では最悪だったと思うくらい、いまめちゃくちゃ悔しい」

と、羽生らしい言葉を次々と口にした。今季は、FSで3種類の4回転ジャンプを計4本。4回転ループを加えて昨季より1種類増やし、本数も1本多くした。とても難しい構成であることは言うまでもない。

スケートカナダではループと後半のサルコウで失敗。NHK杯とファイナルではループを決めたが、後半のサルコウで転倒。

レベルアップ著しい男子の戦いは、いまは荒れ模様だ。それぞれ、難しいジャンプを練習では決められるが、試合ではミスが出る。ファイナルのSPとFSは、総合1位の羽生が1位と3位、同2位のチェンが5位と1位、同3位の宇野が4位と2位、同4位のフェルナンデスが3位と4位、そして同5位のチャンが2位と5位……。早く4回転を安定させて、滑りや振り付けに意識を集中させなければ、羽生といえども安泰とは言えない状況だ。

緊張感の高い試合でもミスなく演技できる確率を高めて、抜け出す者は誰か。FSについて、

「本当は来シーズン完成させられればと思っていた」

という羽生は、ライバルに追い上げられているという危機感から、

「いまの悔しさ的には、今シーズンの後半には完成させたい」

と計画の前倒しを宣言した。

「悔しいし、点数を上げて、誰からも追随されないような羽生結弦になりたい」

後藤太輔

[朝日新聞17年4月2日朝刊]

フィギュアスケート・世界選手権

羽生、超越 ジャンプ完璧、高めた限界

最終日は来年の平昌五輪の国・地域別の出場枠をかけ、ヘルシンキで男子フリーがあり、ショートプログラム（SP）5位の羽生結弦（ANA）は自身の持つ世界最高得点を塗り替える223・20点を出し、合計321・59点で3大会ぶり2度目の優勝を逆転で果たした。2度目の優勝は日本男子で初。

SP2位の宇野昌磨（中京大）はフリーで214・45点の2位となり、合計319・31点で2位に入った。日本男子が1、2位を占めるのは、2014年大会（さいたま市）の羽生と町田樹以来。日本男子は上位2人（羽生、宇野）の合計順位が13以内となり、平昌五輪の出場枠で最大3を獲得した。

SP首位のハビエル・フェルナンデス（スペイン）は4位で3連覇を逃した。金博洋（中国）が3位、田中刑事（倉敷芸術科学大大学院）は19位だった。

右手の人さし指を天に向かって突き上げた。羽生が王座に返り咲いた。

限られた選手しかできない4回転ループも、今季これまでの全5試合で失敗していた4回転サルコー－3回転トーループも、完璧に決めた。

集中し、自分の世界に入り込んだ。「風や川の中にドプンと入っている感覚。自然の中に溶け込んでいく感じだった」。最後のスピンで会場は総立ち。歓声と拍手の渦になった。

昨年の世界選手権後、左足の靱帯損傷と診断され、約2カ月出遅れた。それでも、難しいループや、これまでできなかった後半のサルコーにこだわった。

少し簡単なジャンプにしてミスなく滑れば、他選手を上回る地力がある。

それでも羽生は現状維持を拒否した。オーサーコーチにジャンプ以外も練習し、演技全体の向上を求められても、逆にジャンプの重要さを説明して納得させた。

挑戦する。向上する。何度、頂点に立っても、羽生の流儀を貫い

2017年4月5日　世界国別対抗戦出場選手発表会（東京都港区）

た。「限界を作らずに練習できたことと、限界を高められる練習もできたことが収穫」と今季を振り返った。

五輪連覇に向け、まだ伸びる余地がある。「スピードはもっと出せた」。フリーではジャンプを跳ぶ体力を温存するために速度を抑えたことを口にした。

最後に、「自分の数字（世界歴代最高得点）がすごく怖かった」と明かした。自分との戦いに勝ち、「楽しいと思えた。この（完璧な）フリーが最高のご褒美」。汗と白い歯が光った。

後藤太輔

［アエラ17年4月17日号（4月10日発売）］

羽生結弦の「連覇」戦略 世界王者復活は「すごくいい集中状態」の賜物

フィンランド・ヘルシンキで開かれた2016－17年シーズンの世界選手権は、羽生結弦(22)の大逆転で幕を閉じた。羽生は世界王者として平昌五輪のリンクに立つことになる。

羽生結弦は既に、五輪連覇への戦略を練り始めていた。ショートプログラム（SP）5位からの大逆転劇で、3大会ぶり2度目の世界王者となった翌日のことだ。

来年の平昌五輪、金メダルへのカギは三つある。ジャンプかバランスか。体と心が合うのか。そして、どんな曲を選択するのか——。

難しいジャンプに価値を見いだしてきた羽生が、世界選手権後、「気になった」として名前を挙げたのは意外な選手だった。

米国のジェーソン・ブラウン(22)。SPで4回転ジャンプは跳ばない。フリーで1本だけ入れていた4回転のトーループでは転んだ。それでも、7位に食い込んだ。

羽生は、フリーで自身の持つ世界最高得点を塗り替える223・20点をたたき出し、逆転優勝を果たした翌4月2日にこう語った。

「ジェーソン選手が、4回転は失敗したけどすごくいい点を出した。4回転を多く跳んで、いかにきれいに決めるかという風潮になっていたが、新たに考えなきゃいけない大会になったと思っている。自分も武器が何かを振り返って、また来シーズンのプログラムを作りたい。4回転と演技のバランスというものを、すごく考えなきゃいけないと感じました」

そして、こう続けた。

「最終的にどちらかのプログラムがクリーンじゃないと、圧倒的な点数は出ない。『とにかくオリンピックで金メダルを取りたい』と、今シーズンはずっと思っていました。どんな隙もつくらないスケートを作り上げないといけないな、と感じました」

フリー直後に、

「アクセル－トーループが終わったとき、5個目（の4回転）をやろうかなと思った」

と語ったのとは逆の意識だ。

世界選手権のフリーを、

「スピードはもっと出せたかもしれないですけど、これが自分のジャンプのため、演技のため、このプログラムのすべての完成度のためにできる、一番いいパターンだった」

と分析した。

「自分の体力の限界のものをやっている」

と話したこともある。

5回に4回は高得点

難しい4回転ジャンプを4本、しかも後半にも跳ぶ。そのために犠牲にしたものがある。それは、アイスダンス選手のようにエッジを深く倒し、一蹴りでぐんとスピードに乗っていく滑りだ。2月の四大陸選手権のフリーも、後半のジャンプのために滑りの力強さを犠牲にした。

仮に五輪のSPで出遅れた場合に、逆転で金メダルを取りにいく構成をカードとして持っていてもいい。ただ、スピードや、エッジを倒す滑りの質などを高め、5回滑ったら4回は高得点が出るようなプログラムを作り上げたい。五輪連覇の確率を高めるためのそんな現実策を、羽生も考え始めている。

羽生の五輪連覇を阻む最大の敵をあえて挙げるとすれば、それはケガだろう。

2シーズン前の14年11月、羽生はグランプリ（GP）シリーズ中国杯の練習で他の選手と衝突し、リンク上に倒れた。同じ年の全日本選手権では腹部の痛みに見舞われ、その後手術。練習再開後も右足首を捻挫し、さらに股関節も痛めたという。15年3月に行われた世界選手権ではSPで首位に立ったが、フリー冒頭の4回転サルコーが2回転になるなど、ミスが続いて逆転を許した。

昨シーズンは足の痛みに苦しんだ。16年3月から4月にかけて行われた世界選手権では、SPで首位に立ちながら、やはり2位。フリーの4回転サルコーで転倒などのミスが重なった。左足甲の靱帯を損傷していた。

今季は、その左足甲のケガで2カ月出遅れたが、慎重に練習し、むしろシーズン後半に体の状態を整えられた。

五輪本番のリンクに上がったときに、「心」を最高の状態に整えることも大切だ。

今季の出場はここまで6試合。そのうちノーミスの演技は世界選手権のフリーだけだ。大きな失敗をしなかったGPファイナルのSPは、着氷が乱れた4回転ループの出来栄え点（GOE）がマイナス1・03点だった。

羽生は自身をこう分析する。

「ノーミスを多発する選手ではない。今シーズンを通して、やっぱり弱いなって思う部分が多くあった。もうちょっと何か、核心的な

2016年12月10日　グランプリファイナル表彰式（フランス・マルセイユ）

ものをつかみ取りたい」

難しいジャンプを組み込んだ攻めのプログラムだから、ノーミスの確率が低くなるのは仕方がない面もある。しかし、練習ではできていた。その割に、試合では安定感がなかった。

自然の中に入り込んだ

一方で、収穫もある。難しい挑戦を続けたことで「心の整え方」ではヒントを得た。

「無理やり（集中状態に）入れるか、入るか、という違いがあると思う。集中状態に入ろう入ろうという意思があって集中していくのか、無意識に『あ、これ集中だったんだ』みたいな状態に入るかって、たぶんある。無意識に入っていた状態が、世界選手権。それと、四大陸のフリー」

世界選手権フリーの直後、

「風だったり、川の中にドプンと入っているような感覚。そういった、何か自然の中に入り込んでいるような感覚があった。すごくい い集中状態だった」

と語った。

平昌五輪でもそんな精神状態を作り出せるか。再現方法を確立しようとしている。

気になるのはプログラムだ。SPは、今シーズンと同じものを使うことも考えられる。プリンスの「Let's go crazy」は観客の反応も良く、独特の空間を作り出せる。羽生も、

「生まれてから、もしくはスケートを始めてから、こんなにオーディエンスとコネクトできたことはなかった。このプログラムはライブのよう」

と心地よさを口にする。

滑り慣れているSPをキープすれば、ある程度フリーや他のことに時間を割ける利点がある。飽きられる欠点もあるが、今季は一度もできなかったノーミスの演技をすれば、逆に大いに盛り上がる可能性が高い。

フリーは変更が濃厚だ。今季、世界選手権前のフリーのベストは、四大陸の206・67点。世界選手権の223・20点よりかなり低い。

「プログラムが評価されにくくて、自分自身もなかなか表現しきれなくて」

と羽生。来季は、たとえジャンプが全て決まらなくても盛り上がる選曲をしてくるだろう。

被災した街が前に進む

自分の魅力に合う曲として、羽生は「パリの散歩道」と、今季のエキシビション「ノッテ・ステラータ」を挙げた。

東日本大震災の年、練習拠点を失って各地のアイスショーに出ていた際は、「白鳥の湖」に震災への思いを乗せて滑った。「ノッテ・ステラータ」も原曲はサンサーンス作曲の「白鳥」。白鳥つながりのこのエキシビションを羽生は「被災した街が立ち上がる姿」の続きと位置づけ、

「前回は飛び立つところまで。今回は全てを優しく包み込んで、前に進むイメージを出したい」

と話している。

震災からの復興。そんな、羽生ならではの物語を意識しながら滑ることができる曲が合うのかもしれない。

カナダ・トロントに拠点を移してから、チャイコフスキーの曲を候補に挙げたこともあった。いつか、ドイツ南部の修道院で発見された詩歌集に基づいて作曲されたカンタータ「カルミナ・ブラーナ」をやりたいとも語っていた。恋や酒、若者の怒りや喜びを歌う曲だ。

いずれにせよ羽生は18年2月、世界王者として平昌五輪のリンクに立つ。

後藤太輔

世界中から聞こえた悲鳴

平昌五輪への道はあまりにも険しかった

フィギュアスケート男子シングル66年ぶりの連覇をかけて、平昌五輪に挑んだ羽生結弦。その途上で再び試練に襲われた。2017年11月に右足首を負傷。約3カ月、公の場から姿を消した。韓国入りしたのは五輪開幕後の2月11日。「やはり連覇したい」と口にした。

羽生、ミス響き2位
フィギュアスケートの
オータム・クラシック

［朝日新聞17年9月25日朝刊］

最終日はカナダ・モントリオールで男女のフリーがあり、男子はショートプログラム（SP）首位の羽生結弦（ANA）がジャンプでミスを重ねて155・52点で5位。合計268・24点で総合2位だった。世界選手権2連覇経験者で、SP2位のハビエル・フェルナンデス（スペイン）が177・87点でフリー1位となり、合計279・07点で優勝した。SP7位の村上大介（陽進堂）は合計200・59点で総合8位だった。

女子はSP2位の三原舞依（神戸ポートアイランドク）が132・84点でフリー2位となり、合計199・02点で総合2位。SP1位のケイトリン・オズモンド（カナダ）が142・34点でフリー1位となり、合計217・55点で優勝した。SP9位の新田谷凜（中京大）は、合計161・20点で総合6位だった。

ジャンプ5本失敗
「雑念が多くて」

羽生は滑り終え、両手をひざについて首を横に振った。氷上で「もう、しょうがねえっ」とつぶやいた。

序盤は、簡単な3回転ジャンプが続く予定だった。しかし、羽生は「逆に思いきってできない難しさがあった」と明かす。冒頭のルッツが1回転になると、「4回転ループを一瞬考えた」。やらなかったが、右ひざの違和感のため封印した大技が脳裏をかすめた。

後半に入ると、4回転からの3連続ジャンプは回転が少なくなり、得意のトリプルアクセル（3回転半）で転倒した。立て直ししようと急きょ跳んだ4回転トーループは、回転が半分以上足りないという判定。8本中5本のジャンプでミスをした。「雑念がすごく多くて。ぐじゃぐじゃになっちゃった」

ミスが出た試合や負けた時ほど、羽生は冗舌になる。大会運営の担当者が、報道陣に「最後の質問」と告げた時、羽生自ら「あと2問」というしぐさをして質問を受け付けた。

「悔しさという大きな収穫を手にいれることができた。強い自分を追いかけながら追い抜いてやろうと思う」。過去の記事を読んで頭の整理に利用するという羽生は話し続けた。「いい時と悪い時との差が激しいのは、スケート人生での永遠の課題。ガラスのピースを積み上げて、きれいなピラミッドにするんじゃなくて、粗くてもいいから頂点まで絶対にたどり着けるような地力も必要だ」

後藤太輔

［朝日新聞17年10月22日朝刊］

フィギュアスケート・ロシア杯

挑戦者羽生、
跳んだ4回転ルッツ

グランプリ（GP）シリーズ第1戦の最終日は21日、男子フリーがあり、ショートプログラム（SP）2位の羽生結弦（ANA）が195・92点で1位となったが、合計290・77点で総合2位だっ

2017年9月23日　オータム・クラシックFS（カナダ・モントリオール）

た。羽生はシニアデビュー以来、8季連続でGP初戦を落とした。SP首位のネーサン・チェン（米）が193・25点の2位、合計293・79点でGP初制覇した。

20日の女子SPは世界選手権2連覇中のエフゲニア・メドベージエワ（ロシア）が80・75点で首位発進。樋口新葉（東京・日本橋女学館高）が69・60点で3位、今季からシニアに転向した坂本花織（シスメックス）が68・88点で4位。ペアSPは須藤澄玲（神奈川ク）、フランシス・ブードロオデ（カナダ）組が8組中8位だった。

試合で初成功、フリー1位　総合2位

初めて試合で跳んだ4回転ルッツは、着氷で腰を落としながら片足で耐えた。アクセルを除く5種類の4回転ジャンプで最も難易度の高い大技だ。羽生は「試合で決められ、大きい。これから色々と着手できる」。プログラムのさらなる進化へ思いをはせた。一方で、「失敗したのでダメ」。他の4回転で回転が少なくなるミスを悔やんだ。

今夏の公開練習では、4回転ルッツへの試合での挑戦について「今は考えていない」と話した。しかし、約1カ月前の試合で、冒頭の3回転ルッツに失敗して大崩れした際、「全力でできないことが、集中を途切れさせる。一番自分が本気を出せるプログラムでやりたい」と考えを変えた。

この成功を機に、今季前半でルッツの成功率を上げられるのなら、状況に応じて「守ることも、捨てることもいつでもできる」という利点がある。一方で、リスクもつきまとう。

中学、高校時代に羽生のジャンプを指導した田中総司さんは「新しいジャンプは、習得しようとする過程でけがをしやすい」と言う。また、羽生も「あちこち手をつけると、わけがわからなくなる」。田中さんは、新技を習得しようとする際、他のジャンプに狂いが出ることを指摘する。

しかし、羽生は正直に言う。「色んなことに挑みながら、すごく緊張して、足がくたくたになるまで滑ることの幸せを感じて滑った」。それが羽生らしさでもある。

後藤太輔

[朝日新聞17年11月10日夕刊]

羽生、NHK杯欠場 右足負傷で

フィギュアスケートのグランプリ（GP）シリーズの第4戦NHK杯は10日、大阪市中央体育館で開幕し、前日の練習で右足を負傷した男子の羽生結弦（ANA）が欠場することが決まった。

ブライアン・オーサーコーチに代わり同行しているジスラン・ブリアンコーチが10日昼、明かした。「（羽生は治療のため）病院にいる」と話した。

2017年11月9日　グランプリシリーズ・NHK杯公式練習（大阪市）

羽生は9日の練習中、4回転ルッツジャンプでバランスを崩し、着氷が乱れて転倒。右足首を痛めた。治療のため、同日夜にあった記者会見にも姿を見せなかった。

［朝日新聞18年1月17日朝刊］

羽生、氷上練習再開 1週間前から

日本スケート連盟の小林芳子フィギュア強化部長は16日、来月開幕する平昌五輪フィギュアスケート男子代表で、右足首のけがから復帰を目指す羽生結弦（ANA）が、練習拠点としているカナダのトロントで1週間ほど前から氷上練習を始めたと明かした。羽生の関係者と連絡をとったという。練習内容については説明を控えた。

小林強化部長は「集中力がある選手なので、しっかり調整してほしい」と話した。また、平昌五輪の団体戦のメンバーについては、大会直前の発表になると説明した。

［朝日新聞18年2月4日朝刊］平昌五輪／フィギュア

羽生、団体欠場へ 日本はメダル厳しく

9日に開会式がある平昌五輪のフィギュアスケート団体戦に、男子の羽生結弦（ANA）が出場しない見通しとなり、団体日本のメダル獲得はより厳しくなった。9、11日にあるショートプログラム（SP）とショートダンス（SD）の5位以上の国が争う12日のフリー進出を目指す。

複数の関係者によると、昨年11月に右足首を痛めた羽生は、16日にSPがある個人戦に向けて練習を積んでいる。韓国入りは団体戦に合わせない見込みだ。　後藤太輔

［朝日新聞18年2月7日朝刊］平昌五輪／フィギュア

羽生、個人戦では100%？ コーチ詳細語らず「自信ある」

フィギュアスケート男子で昨年11月に右足首を痛めた羽生結弦（ANA）が、16日にショートプログラムがある個人戦に絞って調整している。同種目では66年ぶりとなる五輪連覇を果たすため、残り10日でどこまで状態を戻せるのか。

羽生を指導するブライアン・オーサーコーチは6日、五輪会場の江陵アイスアリーナで取材に応じ、「100%になるだろう」と見通しを述べた。一方で、どのジャンプがどんな状態なのか詳細は語らず、「跳ぶところに戻ったところ」と表現。どんなジャンプで演技を構成するのかについても、「どうするか彼と話し合いたい」とした。

オーサーコーチは「彼が4回転ルッツはやらないと決めた」と、今季の演技に組み込むことを目指した高難度ジャンプについて説明した。報道陣に昨季までの4回転ループ、4回転サルコー、4回転トーループは練習しているのかと聞かれると、「コンディションが整えば戻ってくる」と明確には答えなかった。

羽生は昨年11月のNHK杯の練習中にジャンプで転倒して右足首を捻挫した。五輪が、10月のロシア杯以来約4カ月ぶりの公式戦となる。だが、オーサーコーチは、あとはスタミナを取り戻す必要があると考えているものの、今後に明るい見通しを持っている。「今週は調子が良かった。うまくいっている。彼のことを過小評価してはいけない。私には自信がある。彼は良くなってきていて、強くなっている」　後藤太輔

［朝日新聞18年2月12日朝刊］平昌五輪／フィギュア

羽生、連覇に自信 韓国入り

「自分にうそをつかないのであれば、やはり連覇したい」

フィギュアスケート男子で66年ぶりの五輪連覇を目指す羽生結弦（ANA）は11日、韓国入りし、胸の内を語った。痛めた足の状況については「リハビリ、治療を必死にやってきた」と答えた。到着した仁川空港で取材に応じ、にこやかで落ち着いていた。

昨年11月9日、練習中に右足首を痛めた。当初は12月下旬の全日本選手権で復帰する予定だったが、治りが遅れた。五輪が約4カ月ぶりの公式戦となる。

2018年2月11日　韓国・仁川国際空港に到着（韓国・仁川広域市）

試合でどんな4回転ジャンプを跳ぶのか、「調整してから決めようと思っている」。現在、何％の状態かを聞かれたときも「まだ滑っていないのでわからない」と慎重だった。6日に取材に応じたブライアン・オーサーコーチは「ジャンプは状態が整えば戻ってくる」と言っている。

フリーの4分30秒間、複雑な滑りをし、4本も5本も4回転ジャンプを跳ぶ持久力を回復できているかどうかが、カギになりそうだ。羽生は「どの選手よりも、ピークまでの伸びしろがある」と今の自分を表現した。男子ショートプログラムのある16日まで、この日から5日だ。

後藤太輔

［朝日新聞18年2月13日朝刊］

平昌五輪／フィギュア

羽生、会場で初練習 5分で終える

フィギュアスケート男子で66年ぶりとなる五輪連覇を目指す羽生結弦（ANA）が12日、試合会場の江陵アイスアリーナの練習用リンクで初めて練習した。ゆっくりと滑り、各種の1回転ジャンプを跳んだ後、1度だけトリプルアクセル（3回転半）ジャンプを、やや前傾姿勢ながら決めた。けがをした右足1本で着氷した。練習時間は40分間あったが、15分で切り上げた。

詰めかけた各国の報道陣に羽生は「お疲れ様です。ありがとございます。明日お願いします」と言い残して会場を去った。13日に記者会見が予定されている。

羽生は前日夜に宿舎に到着。カナダ・トロントからの長旅だったため、この日は軽めの調整にしたとみられる。男子ショートプログラム（SP）は16日に行われる。

後藤太輔

［朝日新聞18年2月13日夕刊］

平昌五輪／フィギュア

羽生「不安はない」

「ただひたすら、やるべきこと、これ以上ないことをやってきたので、何も不安要素はない」

16日に始まるフィギュアスケート男子で、五輪連覇を目指す羽生結弦(23)＝ANA＝が13日午前、試合会場となる江陵アイスアリーナで記者会見に臨んだ。右足首のけがからの復帰戦となる五輪に向けて、自信をはっきりと口にした。

終始にこやかだった。けがをしたのは昨年11月上旬のNHK杯での練習中。「痛み止めを飲んででも出ようと思っていたが、足首が動かなくなってしまった」。その後、約2カ月間、練習ができなかった。再開後も、「滑るにあたって、難しいこともあった。治るんだろうかと考えた時期もたくさんあった」という。トリプルアクセル（3回転半）ジャンプを跳び始めたのは3週間前、4回転は、2週間～2週間半前だと答えた。

しかし、その後の回復は良好だったようだ。この日は会見前に試合会場となるリンクで約40分間練習し、得点源の3回転半や4回転からの3連続ジャンプなどをきれいに決めていた。前日に練習用リンクで調整した以上の時間をかけ、ジャンプを跳んで確かめた。

「待ってて良かったと言われる演技をしたい」。最後は、「ありがとう」「カムサハムニダ」「サンキュー」など、各国の言葉でお礼を言って、世界各国のメディアにお辞儀をして会場を去った。

後藤太輔

2017年5月26日　ファンタジーオンアイス2017（千葉市）

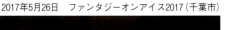

2016年11月27日　グランプリシリーズ・NHK杯エキシビション（札幌市）

パーソナルベスト

トータルスコア
330.43 2015年GPファイナル

ショートプログラム
112.72 2017年オータム・クラシック

フリースケーティング
223.20 2017年世界選手権

2月	四大陸選手権	2位 246.38（❽87.65／❸158.73） ①ケビン・レイノルズ（加）③閻涵（中）
3月	世界選手権	4位 244.99（❾75.94／❸169.05） ①パトリック・チャン（加）②デニス・テン（カザフスタン）③ハビエル・フェルナンデス（西）
2013-2014シーズン（18-19歳）		SP「パリの散歩道」（振付：ジェフリー・バトル） FS「映画『ロミオとジュリエット』より」
10月	フィンランディア杯	1位 265.59（❶84.66／❶180.93） ②セルゲイ・ボロノフ（露）③アルトゥール・ガチンスキー（露）
10月	GPシリーズスケートカナダ	2位 234.80（❸80.40／❷154.40） ①パトリック・チャン（加）③織田信成
11月	GPシリーズフランス杯	2位 263.59（❷95.37／❷168.22） ①パトリック・チャン（加）③ジェイソン・ブラウン（米）
12月	GPファイナル	1位 293.25（❶99.84／❶193.41） ②パトリック・チャン（加）③織田信成
12月	全日本選手権	1位 297.80（❶103.10／❶194.70） ②町田樹 ③小塚崇彦
2月	ソチ五輪 団体	5位（❶97.98／ー） ①ロシア ②カナダ ③アメリカ
2月	ソチ五輪 個人	1位 280.09（❶101.45／❶178.64） ②パトリック・チャン（加）③デニス・テン（カザフスタン）
3月	世界選手権	1位 282.59（❸91.24／❶191.35） ②町田樹 ③ハビエル・フェルナンデス（西）
2014-2015シーズン（19-20歳）		SP「ショパン バラード1番」（振付：ジェフリー・バトル） FS「オペラ座の怪人」（振付：シェイ＝リーン・ボーン）
11月	GPシリーズ中国杯	2位 237.55（❷82.95／❷154.60） ①マキシム・コフトゥン（露）③リチャード・ドーンブッシュ（米）
11月	GPシリーズNHK杯	4位 229.80（❺78.01／❸151.79） ①村上大介 ②セルゲイ・ボロノフ（露）③無良崇人
12月	GPファイナル	1位 288.16（❶94.08／❶194.08） ②ハビエル・フェルナンデス（西）③セルゲイ・ボロノフ（露）
12月	全日本選手権	1位 286.86（❶94.36／❶192.50） ②宇野昌磨 ③小塚崇彦
3月	世界選手権	2位 271.08（❶95.20／❸175.88） ①ハビエル・フェルナンデス（西）③デニス・テン（カザフスタン）
4月	世界国別対抗戦	3位 288.58（❶96.27／❶192.31） ①アメリカ ②ロシア
2015-2016シーズン（20-21歳）		SP「ショパン バラード1番」（振付：ジェフリー・バトル） FS「SEIMEI」（振付：シェイ＝リーン・ボーン）
10月	オータム・クラシック	1位 277.19（❶93.14／❶184.05） ②ナム・グエン（加）③ショーン・ラビット（米）
10-11月	GPシリーズスケートカナダ	2位 259.54（❻73.25／❷186.29） ①パトリック・チャン（加）③村上大介
11月	GPシリーズNHK杯	1位 322.40（❶106.33／❶216.07） ②金博洋（中）③無良崇人
12月	GPファイナル	1位 330.43（❶110.95／❶219.48） ②ハビエル・フェルナンデス（西）③宇野昌磨
12月	全日本選手権	1位 286.36（❶102.63／❶183.73） ②宇野昌磨 ③無良崇人
3-4月	世界選手権	2位 295.17（❶110.56／❷184.61） ①ハビエル・フェルナンデス（西）③金博洋（中）
2016-2017シーズン（21-22歳）		SP「Let's Go Crazy」（振付：ジェフリー・バトル） FS「Hope&Legacy」（振付：シェイ＝リーン・ボーン）
9-10月	オータム・クラシック	1位 260.57（❶88.30／❶172.27） ②ミーシャ・ジー（ウズベキスタン）③マックス・アーロン（米）
10月	GPシリーズスケートカナダ	2位 263.06（❹79.65／❶183.41） ①パトリック・チャン（加）③ケビン・レイノルズ（加）
11月	GPシリーズNHK杯	1位 301.47（❶103.89／❶197.58） ②ネーサン・チェン（米）③田中刑事
12月	GPファイナル	1位 293.90（❶106.53／❸187.37） ②ネーサン・チェン（米）③宇野昌磨
12月	全日本選手権	欠場 ①宇野昌磨 ②田中刑事 ③無良崇人
2月	四大陸選手権	2位 303.71（❸97.04／❶206.67） ①ネーサン・チェン（米）③宇野昌磨
3-4月	世界選手権	1位 321.59（❺98.39／❶223.20） ②宇野昌磨 ③金博洋（中）
4月	世界国別対抗戦	1位 284.00（❼83.51／❶200.49） ②ロシア ③アメリカ
2017-2018シーズン（22-23歳）		SP「ショパン バラード1番」（振付：ジェフリー・バトル） FS「SEIMEI」（振付：シェイ＝リーン・ボーン）
9月	オータム・クラシック	2位 268.24（❶112.72／❺155.52） ①ハビエル・フェルナンデス（西）③キーガン・メッシング（加）
10月	GPシリーズロシア杯	2位 290.77（❷94.85／❶195.92） ①ネーサン・チェン（米）③ミハイル・コリャダ（露）
11月	GPシリーズNHK杯	欠場 ①セルゲイ・ボロノフ（露）②アダム・リッポン（米）③アレクセイ・ビチェンコ（イスラエル）
12月	全日本選手権	欠場 ①宇野昌磨 ②田中刑事 ③無良崇人
1月	四大陸選手権	欠場 ①金博洋（中）②宇野昌磨 ③ジェイソン・ブラウン（米）
2月	平昌五輪 個人	1位 317.85（❶111.68／❷206.17） ②宇野昌磨 ③ハビエル・フェルナンデス（西）

羽生結弦 公式戦の記録

(　)内は、ショート、フリーの順位

2004-2005シーズン(9-10歳)		
10月	全日本ノービス(ノービスB)	1位 1.0(－／❶) ②鈴木潤 ③鈴木拳太郎
2005-2006シーズン(10-11歳)		
10月	全日本ノービス(ノービスB)	2位 67.44(－／❷67.44) ①日野龍樹 ③田中刑事
2006-2007シーズン(11-12歳)		
10月	全日本ノービス(ノービスA)	3位 71.03(－／❸71.03) ①日野龍樹 ②田中刑事
11月	全日本ジュニア選手権	7位 128.96(⓲38.80／❹90.16) ①町田樹 ②無良崇人 ③鳥居拓史
4月	ムラドスト・トロフィー	1位 134.49(❶48.79／❷85.70) ②日野龍樹 ③ブラド・イオネスク(ルーマニア)
2007-2008シーズン(12-13歳)		SP「シング・シング・シング」(振付:阿部奈々美) FS「火の鳥」(振付:阿部奈々美)
10月	全日本ノービス(ノービスA)	1位 103.87(－／❶103.87) ②田中刑事 ③日野龍樹
11月	全日本ジュニア選手権	3位 161.02(❼49.55／❶111.47) ①無良崇人 ②佐々木彰生
2月	全国中学校スケート大会	1位 0.5(❶／－) ②日野龍樹 ③鈴木潤
2008-2009シーズン(13-14歳)		SP「ボレロ」(振付:阿部奈々美) FS「パガニーニの主題による狂詩曲」(振付:阿部奈々美)
9月	ジュニアGPイタリア大会	5位 146.68(❻51.06／❹95.62) ①ミハル・ブジェジナ(チェコ) ②カレン・オイ(米) ③アレクサンドル・ニコラエフ(露)
11月	全日本ジュニア選手権	1位 182.17(❹57.25／❶124.92) ②町田樹 ③村上大介
12月	全日本選手権	8位181.65(❽64.50／❺117.15) ①織田信成 ②小塚崇彦 ③無良崇人
2月	全国中学校スケート大会	1位 58.09(❶58.09／－) ②田中刑事 ③本田宏樹
2-3月	世界ジュニア選手権	12位 161.77(⓫58.18／⓭103.59) ①アダム・リッポン(米) ②ミハル・ブジェジナ(チェコ) ③アルチョム・グリゴリエフ(露)
2009-2010シーズン(14-15歳)		SP「ミッション・インポッシブル2」(振付:阿部奈々美) FS「パガニーニの主題による狂詩曲」(振付:阿部奈々美)
9月	ジュニアGPポーランド大会	1位 198.65(❶66.77／❶131.88) ②オースティン・カナラカン(米) ③ゴルジェイ・ゴルシュコフ(露)
10月	ジュニアGPクロアチア大会	1位 201.15(❶70.78／❶130.37) ②ロス・マイナー(米) ③ジャン・ブシュ(露)
11月	全日本ジュニア選手権	1位 194.15(❶76.00／❷118.15) ②中村健人 ③宇野昌磨
12月	ジュニアGPファイナル	1位 206.77(❸69.85／❶136.92) ②宋楠(中) ③ロス・マイナー(米)
12月	全日本選手権	6位 195.22(⓭57.99／❺137.23) ①髙橋大輔 ②織田信成 ③小塚崇彦
1-2月	全国中学校スケート大会	1位 73.20(❶73.20／－) ②日野龍樹 ③田中刑事
3月	世界ジュニア選手権	1位 216.10(❸68.75／❶147.35) ②宋楠(中) ③アルトゥール・ガチンスキー(露)
2010-2011シーズン(15-16歳) ※シニアデビュー		SP「ホワイト・レジェンド」(振付:阿部奈々美) FS「ツィゴイネルワイゼン」(振付:阿部奈々美)
10月	GPシリーズNHK杯	4位 207.72(❺69.31／❹138.41) ①髙橋大輔 ②ジェレミー・アボット(米) ③フローラン・アモディオ(仏)
11月	GPシリーズロシア杯	7位 202.66(❻70.24／❻132.42) ①トマシュ・ベルネル(チェコ) ②パトリック・チャン(加) ③ジェレミー・アボット(米)
12月	全日本選手権	4位 220.06(❷78.94／❹141.12) ①小塚崇彦 ②織田信成 ③髙橋大輔
2月	四大陸選手権	2位 228.01(❸76.43／❸151.58) ①髙橋大輔 ③ジェレミー・アボット(米)
2011-2012シーズン(16-17歳)		SP「悲愴」(振付:阿部奈々美) FS「映画『ロミオ+ジュリエット』より」(振付:阿部奈々美)
9月	ネーベルホルン杯	1位 226.26(❶75.26／❶151.00) ②ミハル・ブジェジナ(チェコ) ③スティーブン・キャリエール(米)
11月	GPシリーズ中国杯	4位 226.53(❷81.37／❹145.16) ①ジェレミー・アボット(米) ②織田信成 ③宋楠(中)
11月	GPシリーズロシア杯	1位 241.66(❷82.78／❷158.88) ②ハビエル・フェルナンデス(西) ③ジェレミー・アボット(米)
12月	GPファイナル	4位 245.82(❹79.33／❸166.49) ①パトリック・チャン(加) ②髙橋大輔 ③ハビエル・フェルナンデス(西)
12月	全日本選手権	3位 241.91(❹74.32／❶167.59) ①髙橋大輔 ②小塚崇彦
3-4月	世界選手権	3位 251.06(❼77.07／❷173.99) ①パトリック・チャン(加) ②髙橋大輔
2012-2013シーズン(17-18歳)		SP「パリの散歩道」(振付:ジェフリー・バトル) FS「ノートルダム・ド・パリ」(振付:デヴィッド・ウィルソン)
10月	フィンランディア杯	1位 248.13(❷75.57／❶172.56) ②リチャード・ドーンブッシュ(米) ③ハビエル・フェルナンデス(西)
10月	GPシリーズスケートアメリカ	2位 243.74(❶95.07／❸148.67) ①小塚崇彦 ③町田樹
11月	GPシリーズNHK杯	1位 261.03(❶95.32／❶165.71) ②髙橋大輔 ③ロス・マイナー(米)
12月	GPファイナル	2位 264.29(❸87.17／❷177.12) ①髙橋大輔 ③パトリック・チャン(加)
12月	全日本選手権	1位 285.23(❶97.68／❷187.55) ②髙橋大輔 ③無良崇人

羽生結弦の軌跡

66年ぶりの五輪連覇を果たし、絶対王者の風格を漂わせるが、
まだ23歳。2022年北京五輪では3連覇を狙える。
4年後、勝利を手にした羽生結弦の笑顔を、もう一度見たい。

1994
12月7日、仙台市で生まれる。

4歳
1998
フィギュアスケートを習っていた姉の付き添いで、初めてリンクに上がる。

13歳
2008
11月、全日本ジュニア選手権で優勝。

（トリプル）アクセルは低いし、世界に比べるとまだまだ課題はある

14歳
2009
11月、全日本ジュニア選手権連覇。
12月、男子史上最年少でジュニアグランプリ（GP）ファイナル優勝。

ただただ、勝ちたかった。納得のいく演技ですごくよかった

15歳
2010
3月、日本男子史上最年少で世界ジュニア選手権優勝。

良い選手になるため、そして人間的にも成長できるよう、文武両道でいろいろな世界を見たい

10月、GPシリーズNHK杯でシニア戦デビュー。初めて4回転を成功させる。

4回転にはすごい魅力があると思います。自分たち若い世代はどんどん跳ばないと

16歳
2011
2月、四大陸選手権で銀メダル獲得。
3月、仙台市のリンクで練習中、東日本大震災で被災。リンクは閉鎖し、全国のアイスショーを巡りながら練習。
11月、ロシア杯でGPシリーズ初優勝。

17歳
12月、全日本選手権3位。初の世界選手権代表に。

2012
3月、初出場の世界選手権で銅メダル。

銅メダルの瞬間は、びっくりしてどういう反応をしたらいいか分からなかった

春、カナダ・トロントに移籍し、ブライアン・オーサーに師事。
10月、スケートアメリカのSPで自身初の世界歴代最高得点を記録。

So happy！

11月、GPシリーズNHK杯でSP、合計点ともに自己最高を更新。

前の大会からすごく練習してきた。成果がこの点数に出た。自信を持っていきたい

18歳
12月、全日本選手権で初優勝。

2013
12月、GPファイナルで初優勝。

転倒後でも、アクセルをしっかりできた。すっごく悔しくて、いろんな人のアクセルを研究した。ソチ五輪に向けて、本当に大きな一歩

19歳
12月、全日本選手権で連覇を達成。

2014
2月、ソチ五輪。SPで史上初の100点超え。日本男子フィギュア初の金メダル獲得。

たくさんの人に支えられて、この場所に立てている

3月、世界選手権初優勝。

20歳
12月、GPファイナル優勝。
12月、全日本選手権3連覇。

2015
11月、GPシリーズNHK杯優勝。世界で初めて合計300点を上回る。

21歳
12月、全日本選手権4連覇を達成。

（フリーで200点を下回ったことについて）悔しいですよ。メラメラですよ。煮えたぎっていますよ

2016
12月、GPファイナルで男女を通じてシングルで史上初の4連覇。

非常に悔しい気持ちと課題が見つかった優勝になりました

22歳
12月、体調不良のため、全日本選手権を欠場。

2017
4月、世界選手権優勝。フリーで世界最高を更新。

4回転を多く跳ぶことだけじゃないと、考えなくてはいけない大会になった

11月、練習中に右足首を負傷。その後の試合を欠場。

自分にうそをつかないのであれば、やはり連覇したい

23歳
2018
2月11日、平昌五輪男子シングルに出場するため、韓国入り。
2月17日、平昌五輪で金メダル。男子フィギュアの連覇は66年ぶり。

自分がやり切れたな、と思う演技ができた

photo by Mika Ninagawa

少年から王者へ

アエラが捉えた羽生結弦

羽生結弦が初めてアエラの表紙に登場したのは、2011年11月。世界選手権初出場で銅メダルに輝いた、記念すべきシーズンだ。14年11月には、ソチ五輪の覇者として2度目の登場。衝突事故に見舞われながらグランプリファイナルを連覇して、やはり心に刻まれるシーズンになった。そして今年、平昌五輪の直前に3度目の登場。結果はご覧の通りだ。

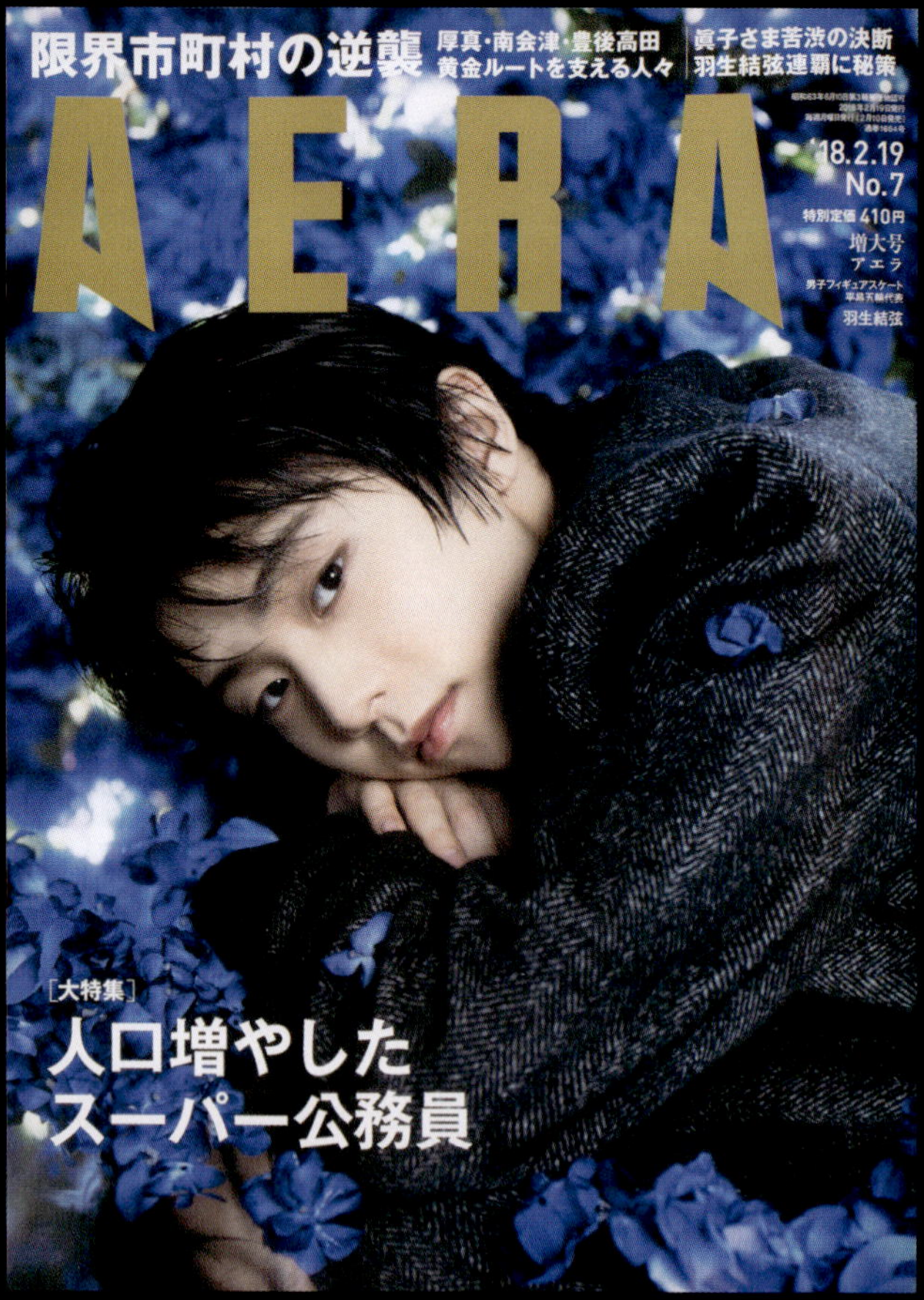

「スケートが好き。素直な気持ちは、昔から変わらない」
2018年2月19日号
撮影／蜷川実花

「スケートが好き。素直な気持ちは、昔から変わらない」

インタビューで「スケートが好きだから」と話す小学4年生の自分を見た。「生意気だな」と思ったというが、原点も思い出すことができた。

2018年2月19日号「表紙の人」

羽生結弦は取材するのが楽しい選手だ。感情がどう揺れ動き、体がどう動いたのか。素直に、独自の表現で、一気に言葉を紡いでいく。連なるフレーズの中に、その日の演技の良しあしを左右するカギがいくつも出てくる。メモしそびれないように、と緊張し、ペンを握る手に力が入る。

いつから、なぜ、そんなに話をするようになったのか。

「いろいろ頭で考えて、それをそのまま出すようになったのは、取材を受けるようになってから。小学校4年生からなんです。それが僕にとって最終的に生きると思っ

本文は61ページに掲載しています

person in focus
表紙の人
「王者になる。まずそう口に出して、自分の言葉にガーッと追いつけばいい」
フィギュアスケート選手
羽生結弦

「王者になる。まずそう口に出して、
自分の言葉にガーッと追いつけばいい」
2011年11月7日号
撮影／坂田栄一郎

本文は84〜85ページに掲載しています

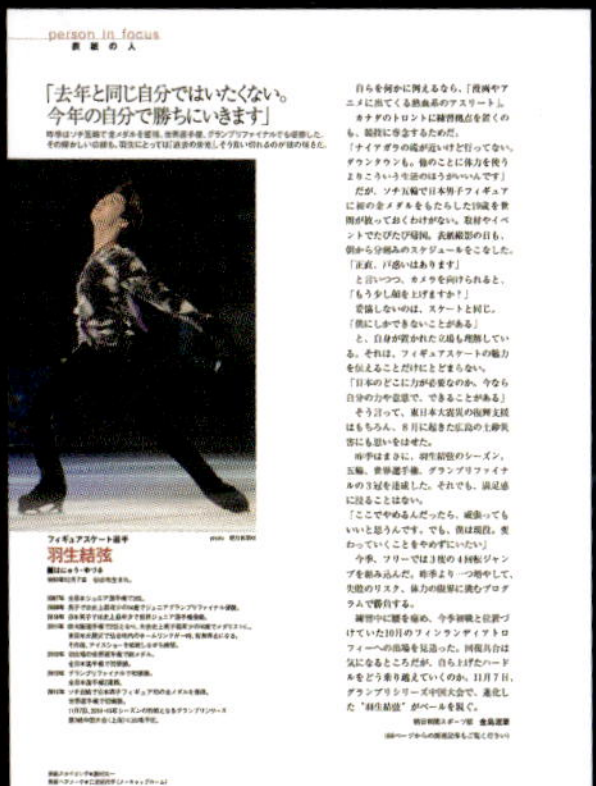
person in focus
表紙の人
「去年と同じ自分ではいたくない。今年の自分で勝ちにいきます」
フィギュアスケート選手
羽生結弦

「去年と同じ自分ではいたくない。
今年の自分で勝ちにいきます」
2014年11月10日号
撮影／坂田栄一郎

たんですよ。記事が自分の考えて
いたことのメモになり、学べるん
ですよね。そのとき何を考え、何
を感じていたか、思い返せる。そ
れは財産であり研究材料であり、
これからの自分を強くするものだ
と思っています。しゃべる機会が
あるから考えるようになった、と
いうのはすごくあります」
2013年、ソチ五輪シーズン
序盤のスケートカナダの後もそう
だった。
「いろんなことを話すことで、課
題が明確に言葉として出てくる。
その記事を見たとき、『こんなに
悔しかったんだ』と思い出して、
また練習や試合につながる」
負けたとき、ミスしたとき、ふ
てくされて下を向くようなことは
ない。超がつく負けず嫌いだから
もちろん悔しくてたまらないはず
だ。が、それをかみ締めつつ、次
に向けて自分に起きたことを整理
する。勝っておごらず、負けて腐
らず。スポーツで勝者以上にたた
えられるべき「グッド・ルーザー
(良き敗者)」のあり方を見せてく
れる。
昨年8月、「ソチ五輪前後のイ
ンタビュー動画や記事を見ている
と話していた。そして、何が金メ
ダルにつながったのかを確認した
のだという。けがをした後の試合
にも〝財産〟がある。平昌五輪に
は、逆境の中でも調子を合わせて
くるはずだ。

朝日新聞スポーツ部 後藤太輔

◀初回限定付録 朝日新聞「羽生連覇」号外はこの封筒の中に入っています

羽生結弦

連覇の原動力

［完全版］

AERA特別編集

2018年4月30日　第1刷発行

編者●AERA編集部

発行人●尾木和晴
編集長●井原圭子
副編集長●片桐圭子

編集●塩見　圭
山本大輔
フォトディレクター●小林　修（写真部）
馬場岳人（写真部）
写真●朝日新聞社
JMPA
アフロ
代表撮影／ロイター／アフロ
AFP・AP・新華社・日刊スポーツ・ロイター／アフロ
青木紘二・築田　純・中西祐介・長田洋平・松尾憲二郎・
YUTAKA・Dave Carmichael・
Enrico Calderoni・Ryu Voelkel／アフロ

アートディレクター●福島源之助（FROG KING STUDIO）
デザイナー●内藤真理
根本睦子
羽多野一道
原　雄一
南　理子

校閲●朝日新聞総合サービス出版校閲部
DTP●石賀知美
岩下剛範
小幡実樹子
皆藤かよ子
小林麻里絵
鈴木剛哉
藤澤陽子
松田大作
吉澤宏至
池田知之（凸版印刷）
中野渡秀志（凸版印刷）

印刷●凸版印刷
発行所●朝日新聞出版
〒104-8011
東京都中央区築地5-3-2
電話　03-5541-8627（AERA編集部）
03-5540-7793（販売）
Email: aera@asahi.com

ISBN　978-4-02-331711-6
定価はカバーに表示してあります。

おわりに

AERA増刊「羽生結弦　連覇の原動力」の発売は2月22日。羽生選手が平昌五輪で金メダルを決めた翌日に興奮の中で校了しました。おかげさまで多くの方にご好評いただきましたが、「平昌の写真が少なかった」「朝日新聞の号外を付けてほしかった」「蜷川実花さんが撮った写真をもっと見たい」などのご要望も数多くいただきました。『羽生結弦　連覇の原動力［完全版］』は、そうした声のすべてにお応えするべく制作したものです。末永くお手元に置いて、お楽しみ下さい。（片）